Stephan Waetzoldt

Pariser Tagezeiten

Stephan Waetzoldt

Pariser Tagezeiten

ISBN/EAN: 9783337330934

Printed in Europe, USA, Canada, Australia, Japan

Cover: Foto ©Suzi / pixelio.de

More available books at **www.hansebooks.com**

Die Bibliothèque Nationale zu Paris ist im besitze einer deutschen handschrift, welche der catalog (Suppl. franç. no. 3376 — Fonds allem. no. 131) als: „Prière en vers allemands (mittelhochdeutsch) XIVme ou XVme siècle 4⁰ parch." aufführt. Diese handschrift, deren anfang verloren gegangen ist, besteht jetzt aus 112 blättern in klein 4⁰, die auf jeder seite genau 21 verszeilen enthalten. Wie gross der umfang des verlorenen ist, lässt sich, da die handschrift in ihrem jetzigen zustande keine lagenbezeichnung bietet, aus äusseren zeichen nicht erkennen, doch ist es höchst wahrscheinlich (s. unten), dass nicht mehr wie eine einzige lage fehlt, die übrigens schon lange zeit vor dem einbinden abhanden gekommen sein muss, da von den erhaltenen blättern das erste fleckig und abgegriffen ist. Der schriftcharakter ist der der mönchsschrift des 14. oder beginnenden 15. jhd., der text, durchgehends von derselben hand geschrieben, deutlich und lesbar. Wenig sorgfalt ist auf die äussere ausstattung verwandt; die roten initialen sind roh, interpunction fehlt völlig, puncte sind dem i in der regel, doch nicht immer beigegeben; viele stellen des gedichtes sind mit dem roten § zeichen versehen. — Ueber die herkunft der hds. konnte an ort und stelle nichts ermittelt werden.

Von den noch vorhandenen 112 blättern enthalten die ersten 83 eine darstellung der passion Christi, die folgenden 10 behandeln die auferstehung, und 5 weitere blätter sind einer botrachtung des mysteriums der trinität gewidmet. Den letzten teil der hds. (bl. 98—112) endlich nimmt ein teils in prosa teils in versen geschriebenes gebet ein, das wenig mehr als eine nomenclatur von heiligen bietet. Die letzten verse auf bl. 97 (bitte nm gnade für hörer und leser des werkes) geben sich als schluss der auf bl. 1—97 befindlichen dichtung klar

1

zu erkennen und schliessen einen inneren zusammenhang dieser
dichtung mit dem folgenden gebete aus. Die auf bl. 1--97
vorliegende dichtung teilt sich in 9 abschnitte, die widerum
in zwei gruppen zerfallen. Während die letzten zwei abschnitte,
welche ihrem inhalte nach als eine fortsetzung des hauptteils
des gedichtes, der passionsgeschichte, aufzufassen sind, überschriften tragen, die mit rücksicht auf ihren inhalt gewählt
sind, zeigte von den abschnitten 1—7, denen die darstellung
der passion zufällt und die dem umfange nach nahezu ⁷⁄₈ der
gesammtdichtung in anspruch nehmen, der erste, wie aus seiner
subscription hervorgeht, die aufschrift „mettin“; die folgenden
sind der reihe nach Prime, Tertie, Sexte, None, Vesper, Complede benannt.

Auf diese 19 abschnitte, deren jeder wider eine später
in's auge zu fassende innere gliederung zeigt, verteilt sich der
mit zalreichen gebeten durchwobene stoff der erzälung in fol-
gender weise:

I.

1. *Mette* (1—520.) Christi gang nach dem ölberge, gefangennahme und verhör. Darstellung der schmach, die der
heiland in der folgenden nacht erleidet.

2. *Prime* (521—1106). Christus vor Pilatus und Herodes;
der streit um Barnabas; der heiland wird an die säule gefesselt,
gemartert, gekrönt, von den Juden verspottet.

3. *Tertie* (1107—1462). Christi gang nach dem Calvarienberge; seine weissagung über Jerusalem.

4. *Sexte* (1463—2288). Die kreuzigung; das zwiegespräch
der schächer; Christus befiehlt seine mutter dem Johannes.
„Sitio!“ und „Eli, Eli, Eli!“

5. *None* (2289—2856). „Consumatum est!“ Die zeichen
beim tode des gottessohnes; bekehrung des centurio. Betrachtung über wert und bedeutung des abendmals.

6. *Vesper* (2857—3273). Der centurio bringt dem Pilatus die kunde von dem tode Christi; klage der jünger, der
mutter und der Maria Magdalena.

7. *Complede* (3274—3459). Die klagende Maria wird von
Johannes hinweggeführt. Grablegung.

II.

8. *Daʒ ufherstene* (3460—3867.) Gang der frauen nach dem grabe; der auferstandene Christus offenbart sich der Maria Magdalena.

9. *Dreveldekeit* (3868—4067). Betrachtung des mysteriums von der dreifaltigkeit; rückerinnerung an leben, leiden sterben des heilandes; bitte um gnade für den dichter, die leser und hörer. Es zeigt der hauptteil der dichtung dieselbe äussere einteilung nach den sieben *horae canonicae,* welche in zalreichen lateinischen, hoch- und niederdeutschen gedichten des ausgehenden mittelalters sich widerfindet. Demgemäss ist für die behandelte dichtung die bezeichnung „*tagezeiten"* (tgz.) gewählt worden. Diese einteilung deutet sicher an, dass zwischen den canonischen horen und unserer dichtung beziehungen bestanden, die auf inhalt oder form der letzteren eingewirkt haben. Es wird daher nötig sein, ehe wir auf die untersuchungen über den *dichter,* die *metrik* und *sprache* der Pariser tagezeiten eingehen, unter vergleichendem hinblick auf andere reste der tagezeitenliteratur die institution der horae canonicae in's auge zu fassen, um gliederung und zweck des Pariser gedichtes zu verstehen und zu zeigen, dass in mancher hinsicht nicht des dichters willkür bei der abfassung massgebend war, sondern dass ältere anschauungen und überkommene gewohnheiten bestimmend auf ihn einwirkten. Wir schicken voraus eine kurze übersicht der deutschen tagezeitenliteratur, soweit dieselbe von uns herangezogen werden konnte. So umfangreich dieselbe einst war und so viele denkmäler derselben sich erhalten haben (der Schmeller'sche catalog der Münchener dtsch. hdss. zält allein 23 nummern auf), ist doch der dichterische wert des erhaltenen im allgemeinen ein so niedriger, dass genauere mitteilungen nur über wenige derselben gemacht worden sind. Es sind diese dichtungen eben weniger einem freien dichterischen drange als vielmehr einem frommen pflichtgefühl entsprungen. Zuweilen hat in den Pariser tgz. die starke religiöse empfindung der sprache einen höheren lyrischen schwung zu geben vermocht, aber auch dann kleiden sich gedanken und bilder in bekannte formeln.

Die mir bekannt gewordenen literarischen mitteilungen aus der tagezeitenliteratur beschränken sich auf die folgenden nummern:

I. *Die siben Tagzit des leidens Christi von Hartwig von dem Hage* (dessen namen das akrostichische prooemion erhalten hat) aus dem j. 1348. Proben daraus gibt Docen im Altd. Museum II, p. 265.

II. *Unser frowen tagzeith in der teutsch*, etwas über 300 verse, in einer Kloster-Neuburger hds. d. 14. jhs. Proben gab Hoffmann in den Altd. Bl. II, p. 87.

III. *Die siben tagzeitt des Münichs von Saltzburg*, aus dem ende des 14. jhs. (s. Hoffmann, gesch. d. dtsch. kirchenl. 2. aufl. p. 239 ff.), im liederbuche der Clara Hätzlerin (Haltaus p. 302). Jeder hore ist eine 24zeilige strophe gegeben; dazu kommen ein epilog von 12 und ein prooemium von 24 versen, dessen erste zeilen:

> Die nacht wird schier des himels gast
> des tages glast
> will ir gewaltig sein etc.

an die tagelieder des minnesangs erinnern.

IV. *Tagzeit unser frawen* von *Muscatbluet*, im liederbuche der Hätzlerin p. 305. Auf die sieben horen kommen gleichviel sechszeilige strophen, zu denen als schlussgebet eine achte tritt. (Dieses gedicht ist übrigens, was noch unbekannt zu sein scheint, nichts als eine ziemlich treue und gewandte übersetzung der bei Morel n. 150 Daniel I, p. 339 abgedruckten horae de b. virginis compassione.) Wackernagel gibt dasselbe gedicht an zwei verschiedenen stellen seines werkes, bd. II n. 663 und n. 1027.

V. *Gebet an die ere der eilf tusend megde*, bei Wackernagel, dtsch. kirchenlied II, n. 840. Neben der überschrift ist in der hs. bemerkt: Es ist zu wissende, das dis nachgeschriben gebet ist zu Kölle uff dem grabe der heiligen iungfrouwen sanct ursulen. Und stet do geschriben von disem heilsamen gebette Wer es degeliches in die ere der heiligen cilff tusent megde andechtcclichen sprichet Der wurt on zwüffel an sinem lesten ende getruwe nothelfferin haben Die heilige iungfrouwe sanct ursula mit aller irer schar Vnd hieby ist ouch

zu merken, das die nachgeschriben gebet geteilt ist in siiben
teil zu glicher wise der siiben geziten, vnd dozu sint bequem-
lichen antiffen versickel vnd collecten, noch dem also wol
vinden sol ein diener diser vorgenanten iungfrouwen der es zu
den siiben ziten betten wil.

VI. Die deutschen bearbeitungen des lat. canticum aus
dem 14. jhd. Patris sapientia etc., welches mit den worten
schliesst: Has horas canonicas Tibi Christe revoco pia ratione
Ut qui pro me passus es amoris ardore Mihi sis solatium in
mortis agone, (Wackern. I, n. 267.-268 Daniel I, p. 337), nämlich a) Do Christus mit den jungern sin etc. bei Wkn. II, n.
929. b) O Weishait gottes vaters zart etc., ebd. n. 930. e) Got
in seiner maiestat etc., ebd. n. 931. d) Zur mettenzeit gefan-
gen ward etc., ebd. n. 932. e) Gott des Vaters weisheit schon
etc., ebd. n. 933. f) Die weisheit und göttlich warheit etc.
ebd. n. 1033. Endlich gehört noch hierher aus späterer zeit
g) Mich. Weisse's lied vom leiden Christi „Christus der uns
selig macht" etc. (Eine ndl. bearbeitung s. bei Mone, ndl.
volkslit. n. 153; eine andere im alten patois der Normandie
ist in dessen lat. hymnen I, p. 108 abgedruckt.)

VII. Ein alter drnck s. l. e. a., nach Meusebach's angabe
aus dem 15. jhd., genaue titelangabe u. s. w. s. bei Hoffmann
Kirchenl. 2. aufl. p. 259. Dieser druck enthält ausser anderen
Die siben zyt von unser lieben frowen, dsgl. von vnsers herren
leiden, dsgl. von dem heiligen geist. Die rede ist ungebunden
wie in tgz. n. VIII, XII, XV, nur hin und wider sind gereimte
stellen eingestreut.

VIII. *Die ghetiden van onser lieuer vrouwen met ander
getyden* (nämlich van den heyligen cruce, van der Ewigher
Wyheit, van den heilighen geest) ende scone oracien. Zu ende:
Ende is geprent te leyden in hollant Int iaer ons heren dusent
vierhondert ende xcviij. kl. 8⁰. (Nicht verzeichnet in Campbell's Annales.)

IX. *Die siben zyt (Christi)* bei Wkn. II, n. 1079.

X. *Die siiben zyt von vnser lieben frawen,* ebd. n. 1080,
ebenso wie das vorige mit je einer strophe für jede hore und
einem kurzen gebete in einer besonderen strophe.

XI. *Von dem leiden Christi* ebd. n. 1115. 1116 mit 7 resp.

9 strophen, deren jede die gliederung in stollen und abgesang zeigt. In der zweiten bearbeitung ist zu anfang und ende je 1 strophe für gebete hinzugetreten.

XII. *De souen tyde unser leuen vrouwen* etc. Subscription: Disse boke syn to paris ghedrucket up de ostersche spracke vnde syn to lubeke to Kope bi ghert weghener. (1509. 8⁰.) In prosa.

XIII. *Tagzeiten vom leiden Christi*, in ndl. sprache, aus einer kloster Rodendael'schen hs. aus dem anfang des 15. jhs., gedruckt bei Mone, lat. h. I, p. 126—129. — Im ganzen 320 verse, wovon 20 auf ein das gedicht schliessendes gebet kommen.

XIV. *Geseng auf die tagezeiten* von Mich. Weisse, ebd. III n. 371—384.

[XV. *Dit syn seuen ween van onser liever vrouwen.* (Leyden 1563.) 8⁰. Gehört seinem titel nach dieses in prosa geschriebene andachtsbuch auch der tagzeitenliteratur nicht an, so ist es doch nach form und inhalt vielfach von dieser beeinflusst.]

Ausserdem gibt hierhergehörende proben Mone, lat. h. I, p. 106. 116 ff. 130.

Beispiele lateinischer tagzeitendichtungen waren durch die hymnensammlungen von Daniel, Mone, Morel und Wackernagel in grösserer anzal gegeben. Von den zur vergleichung heranzuziehenden wird jedesmal angegeben werden, wo sie zu finden sind.

Institution und anzal der täglichen horen.

Anschliessend an jüdischen brauch fand schon zu beginn unserer zeitrechnung die sitte, täglich zu bestimmten stunden kurze andachtsübungen zu halten, bei den christen des orients eingang. Diese sitte, die aus dem orient sich später im occident verbreitete, ward allmählig zu fester regel, so dass schon Hieronymus (Expos. fid. n. 23) von den palästinischen mönchen sagt: „mane, hora tertia, sexta, nona, vespere, noctis medio Psalterium cantabant." Unter berufung auf Nehemia 9, 3 setzte man ursprünglich von 3 zu 3 stunden andachten fest und erhielt so 8 tägliche gebetszeiten, *matutina, laudes* (deutsch gewöhnlich lausmesse genannt), *prima, tertia, sexta, nona* und *completorium,* die dauernd, wenn auch nicht streng von 3 zu 3 stunden, beobachtet wurden und die achtteilung vieler tagzeitdichtungen veranlasst haben (z. b. n. II der aufgezählten, von lat. die horae de omnibus sanctis bei Morel n. 211). Neben diesen 8 gebetszeiten bildete sich indessen, entweder durch ausfall der laudes oder durch deren vereinigung mit der matutina, ein officium *septenarium* aus, welches wegen der mystischen bedeutung der siebenzahl und mit rücksicht auf Psalm 119, 164: „Ich lobe dich des tages siebenmal", zalreiche anhänger erhielt, durch das Benedictinerofficium die weiteste verbreitung fand und durch die meisten breviere des occidents und namentlich das *Breviarum Romanum* als officiell adoptiert wurde. Demgemäss zeigen auch die erhaltenen tagzeitenbücher und dichtungen in überwiegender mehrheit die siebenteilung, herbeigeführt in den meisten durch wegfall der laudes (wie z. b. in den Pariser tgz. und tgz. III—VI, IX—XI. XIII), in andern durch zusammenziehung der mette und laudes in einen abschnitt (wie n. I). N. VII, VIII, XII haben zwar einen „laudes" überschriebenen abschnitt, doch ist derselbe dadurch untrennbar mit der vorliegenden mette in eins verbunden, dass das schlussgebet jeder einzelnen hore, die *oratio* oder *collecte,* nur zu ende der laudes sich findet. In denjenigen klöstern, in welchen die mönche matutina und laudes zu v e r s c h i e d e n e r zeit verrichteten, wurde auch jede einzelne mit eigner oration geschlossen.

Die verschiedenen officien.

Ausser dem der verherrlichung der dreieinigkeit und besonders der anbetung des erlösers dienenden kanonischen officium, ordnete die kirche auch andere officien an, zu deren recitierung der gläubige zwar nicht verpflichtet war, durch die er aber besonderer göttlicher gnadenerweisungen teilhaftig wurde (s. oben die bemerkung bei tgz. V). Dahin gehört vor allen das *officium beatae virginis parvum,* welches seit dem concil von Clermont v. j. 1095 in weiteren kreisen und namentlich in der laienwelt verbreitung fand. Von geringerer bedeutuug blieben die nicht aller orten, zum teil auch nur an bestimmten jahrestagen veranstalteten officien. Sie dienten der verehrung aller heiligen (Morel n. 212) oder, was gewöhnlich der fall war, der des besondern schutzheiligen. Als solcher hat sogar Karl d. Gr. zu Aachen in einem teilweis noch erhaltenen officium späterer zeit kirchliche verehrnng gefunden (Mone n. 980—3 und besonders Morel p. 249). Der mannigfaltigkeit der officien entspricht die verschiedenheit des den deutschen prosaischen und gereimten tagzeiten zu grunde liegenden biblischen und legendarischen stoffes, der zu dem jedesmaligen gefeierten heiligen in beziehung stehen musste. So feiert tgz. V die ehre der 11000 jungfrauen; handschriften und incunabelnverzeichnisse führen *tagezeiten* resp. *ghetiden* der h. Amalia, des h. kreuzes u. a. m. auf, doch ist deren anzal verschwindend klein im vergleich zu denen, die der mutter gottes und ihrem sohne geweiht waren. Wie die zusammenstellung der bezüglichen incunabelliteratur bei *Panzer* X, p. 417 ff. und *Campbell* Ann. de la typogr. néerl. sowie die verschiedenen handschriftenverzeichnisse zeigen, kommt von diesen wider der weitaus grösste teil der Maria zu. Bei der volkstümlichkeit des Marienculto, der mit dem gesamten leben des mittelalters eng verwachsen war, und bei der vorliebe, „unsere liebe frau" als fürsprecherin anzurufen, darf das nicht wunder nehmen, namentlich da, wie wir später sehen werden, die deutschen tagezeiten vorzüglich der laienandacht dienten. Mag auch hier und da die erzälung sowol in den tagzeiten Christi als in denen der Maria ausserhalb der passion liegende tatsachen berühren, im allgemeinen gibt den stoff sowol in den tgz. Christi wie Mariae die passionsgeschichte, da ja die somatischen leiden Christi psychisch von seiner mutter mitgefühlt werden, wie das die überschrift eines alten gesanges, Christi leid und Marias mitleid, bündig ausdrückt. Das haben sich die verfasser von tgz. nicht entgehen lassen, und sie haben, gleichviel wem sie durch überschrift ihre gedichte zuschrieben, meist auf Christus und Maria bezug genommen, sei es auch nur, wie in tgz. IV, durch ein „sachest du", „hortest du", „schawest du". Bei letzterwähntem gedichte, das lediglich die leiden Christi aufzählt, könnte man im zweifel sein, wem das officium galt, schlösse nicht das jeder hore folgende Ave Maria, welches von wesentlicher bedeutung für das marianische officium ist, und das schlussgebet an die „mutter der parmherzigkait" jeden zweifel an die richtigkeit der überschrift „unser frowen" aus. In einem beispiele dagegen, wie die Pariser tgz. es bieten, in denen stets gebete an Christus und Maria nebeneinander gesetzt sind, muss unentschieden gelassen werden, ob der verlorene titel „daʒ buoch von den tageziten unsers herren" lautete, oder ob „und unser lieben frouwen" hinzutrat. Auch von dergleichen doppelüberschriften finden sich beispiele.

Verteilung der passionsgeschichte auf die einzelnen horen.

Die mystische deutung schon älterer zeit fasst die horen als erinnerungsandachten an die 'leidensgeschichte auf und setzte jede einzelne tagzeit mit bestimmten momenten der passion in verbindung, wie folgende denkverse kurz ausdrücken:

Haec sunt, septenis propter quae psallimus horis:

Matutina ligat Christum, qui crimina purgat.

Prima replet sputis, dat causam *Tertia* mortis.

Sexta cruci nectit, latus eius *Nona* bipertit.

Vespera deponit, tumulo *Completa* reponit.

Diese verteilung war auch für die dichter der tgz. massgebend; nur selten haben sie in der anordnung des stoffes sich abweichungen hieron erlaubt — und dann können meist die gründe dafür nachgewiesen werden. Dabei darf indessen nicht unbemerkt gelassen werden, dass die Constitutiones apostol. nur die kleinen horen (Prima, Tertia, Sexta, Nona) auf die passion des heilandes beziehen.

I. *Matutina ligat Christum.* Darnach behandelt der erste abschnitt der tagzeitendichtungen die mit der gefangennahme Jesu im zusammenhange stehenden ereignisse. So von lat. gedichten z. b. Wkn. I, 267. Christus Jesus captus est Hora matutina A suis discipulis Cito derilictus Judaeis est traditus, venditus, afflictus; (darnach tgz. IV) u. a. Gleichen inhalt bieten tgz. IV, VI, IX, X, XI. Weiterer umfang der erzälung zeigt tgz. III,

deren mette mit „gen Kedron gie Jhesus die vart" anhebt und
darauf die gefangennahme, das verhör und die scene der
schmähungen folgen lässt. Auch die Pariser tgz. schliessen
den gang nach Gethsemane in den rahmen der matutina ein.
Die erzählung auf bl. 1 beginnt mit dem augenblicke, wo der
herr und seine jünger „dem berge zu nahen" beginnen und
Christus die jünger bittet, seiner zu harren. Da nun der erste
quaternio, wie oben erwähnt, verloren gegangen ist, fragt es
sich, was er enthalten. Dem gange nach dem ölberge geht
vorher die einsetzung des abendmahles. Es ist indessen nicht
anzunehmen, dass das verlorene eine schilderung desselben
enthalteu habe. Einmal wäre dies, abgesehen von einleitenden
bezügen wie in tgz. XIII „in der naht doen was gedaen dat
avontmael, soe gind-i saen op den berch", in der gesamten
tagezeitenliteratur ohne beispiel, anderseits würde in diesem
falle der dichter hiervon die lange betrachtung über das abend-
mahl, die er in die None verflochten, nicht getrennt haben.
Dass von den fehlenden 166—168 versen, von denen ein
drittel sicherlich dem mangelnden teil der erzälung genügt
hat, etwa 100 verse einem andern zwecke dienten, soll unten
gezeigt werdeu.

Das Benedictineroffiz heisst die mönche Gott zu preisen
am tagerot dafür, dass er durch seine passion das menschen-
geschlecht von der hölle strafe und des teufels gewalt erlösete.
Diesem geheiss kommen ausser vielen lat. horen tgz. n. VII
und VIII nach. Nach demselben offiz soll man Gott zur
metten loben, weil am tagerot Christus auferstand. Tgz. n. I
folgt diesem gebote, behandelt indessen in der mette auch
die gefangennahme und gedenkt, wozu die alte zusammenstellung der horenbezüge bei Mone I, p. 130 den grund angibt,
am beginn der dichtung der geburt des heilandes.

II. *Prima replet sputis.* Deutlicher ersehen wir den inhalt des der Prime zukommenden passionsabschnitts aus Morel
n. 150: „Hora prima Maria Jesum . . . sequitur ad Pilatum,
testes falsos audiens, sputo maculatum et colophizatum" — und
aus der motivierung in tgz. n. VII (bl. 86 a): „wande du zu prim
ziit wurdt geantwurdt pylato und grosz marter leitst." Darnach ist in fast allen nummern mittelpunct der erzälung das

gericht vor Pilatus, nur die Pariser tgz. ziehen noch die verurteilung selbst in diesen abschnitt.

III. *Tertia causam mortis dat.* Das Benedictineroffiz bemerkt hierzu: „Zur Undernzeit (tertia) sollen wir Gott loben, denn zur Undernzeit ward Christus verdammt und hin zu dem kreuze geführt. Tgz. VII (bl. 87 a): „wanne du zu der dritten ziit zu der marter gefürt wurdte und daz krütz uff denen achseln trugde." Es umschliesst also die Tertia das crucifige, verurteilung und dornenkrönung und als hauptmoment den gang nach dem Calvarienberge. In tgz. n. 1 tritt dafür eine betrachtung über das wesen des h. geistes ein. Den grund gibt das Benedictineroffiz: Zur tertia hora ist der hl. geist über die apostel ausgegossen worden. Tgz. IV verlegt gleich den tgz. bei Mone I, p. 130 u. tgz. VI den gang zum Calvarienberge in die *Sexte.*

IV. *Sexta cruci nectit.* Die kreuzigung ist ausnahmslos inhalt der Sexten.

V. *Nona eius latus bipertit.* Genauer Morel 150: „Hora nona Maria expirantem Audit hely voce magna clamantem: Johanni matrem, flamen patri commendantem, Ensem Simeonis cor eius perforantem." Ueberall finden wir diese momente der passion mit allen einzelheiten wieder; nur tgz. I fügt eine darstellung der himmelfahrt hinzu, wozu Ersch u. Gruber II, 10 p. 448 zu vergleichen ist.

VI. *Vespera deponit.* Der grablegung schliesst sich tgz. I noch eine schilderung der fusswaschung an. Denn: ze vesper zit, heisst es Mone I, p. 130, wusch Jhesus den iungern ir fiusz.

VII. *Completa tumulo reponit.* Auch hiervon findet sich nirgend eine abweichung. In tgz. I tritt hinzu „das gebet daz Christ zu sinem vater tet", das auch bei Mone a. a. o. in die Completezeit gesetzt ist.

Gliederung innerhalb der einzelnen horen.

Die ursprünglich einfachen andachtsübungen der horen zeigen schon bei den frühesten ritualisten eine complicierte gliederung. Kennen wir auch nicht genau das ritual, dem die

einzelnen kirchen Deutschlands im mittelalter folgten, so geht
doch aus allem, was bekannt ist, und besonders aus dem alten
Benedictineroffiz (bei Cädmon v. Bouterwek, bd. I p. CLXXX)
hervor, dass von diesem ritual das breviarum romanum nur
unwesentlich abweicht und dass für unsere zwecke tgz. VII
als brevier jener zeit gelten kann.

Die andachtsübung jeder hore bewegt sich darnach in vier
stadien: 1. *hymnus,* 2. *psalmodie,* 3. *lectio,* 4. *oratio.* Als
bindeglieder zwischen diesen vier hauptteilen treten noch hinzu
antiphonen, responsorien, versikeln u. a. Bei unserer geringen
kenntniss von der entwicklung der liturgik in ältester zeit ist
es unmöglich, die massgebenden gründe für die einzelheiten
dieser zusammenstellung zu finden. *Allioli*'s annahme eines alle
teile bedingenden innern zusammenhangs erscheint künstlich
und beruht wegen vernachlässigung einer untersuchung über
entstehung der anordnung im breviar. rom. auf willkür. Sicher
ist nur, dass die *oratio* oder *collecta* als ein mit bezug auf die
vorhergehende *lectio* gesprochenes schlussgebet anzusehen ist,
ferner dass die lobpreisung gottes oder des heiligen, die den
übrigen teilen der hora zufiel, ebenfalls ganz oder teilweise in
die form des gebetes gefasst sein konnte. Der erzälende stoff
der bibel oder legende verteilt sich auf antiphonen und lectio-
nen, die in der älteren liturgischen sprache auch wol mit dem
gemeinsamen namen *historia* bezeichnet werden. Abgesehen
von der psalmodie treten zu dem oft als gebet aufgefassten erzälenden teile der hore und dem darauf bezüglichen schluss-
gebete, als ein dritter nebensächlicher teil noch invitatorium,
versikel u. s. w., die zur andacht auffordern.

Die deutschen gereimten tgz. waren, wie wir später sehen
werden, nicht für den liturgischen gebrauch der klöster, sondern vorzüglich für die laienandacht bestimmt. Dem schlichten
sinne. des laien aber war jene künstliche gliederung des gebetes unverständlich und unbequem, und so musste notwendiger
weise eine vereinfachung eintreten, die bei den uns vorliegenden tgz. sich in verschiedenen phasen zeigt. In tgz. V besteht
jede hore aus einem gereimten abschnitte, der den alten hymnus
vertritt und ausserdem noch eine doxologie in sich schliesst, und
einem prosaischen teile mit den unterabteilungen: antiffen, ver-

sickel und collecte. Es ist also hier die *psalmodie* verschwunden. Noch einfacher ist die gliederung der Pariser tgz., in deuen, ohne durch überschriften bezeichnet zu sein, nach einem 10—30 verse umfassenden eingange, nur die von gebeten durchflochtene erzälung sich deutlich von den schlussgebeten, die der collecta entsprechen, abhebt. Ich unterlasse es auf eigentümlichkeiten, die diesem gedichte eigen sind, und die vielleicht, wie die häufigen einander respondierenden reden Christi, Marias u. s. w. an einzelheiten der horenliturgik erinnern, einzugehen. Es sei nur noch bemerkt, dass durch die verschiedene anzal der zur strophe verbundenen verse erzälung und schlussgebet sich deutlich von einander scheiden. Letzteres teilt sich wieder in 3—6 gebete, von denen die ersten an Christus, die folgenden, zuweilen nur das letzte, an die mutter gottes gerichtet sind. Hinzu tritt auch wol ein gebet an Maria Magdalena, an Petrus, Johannes u. a. Auch in tgz. XIII hebt sich je ein abschnitt von mehreren versen als schlussgebet erkennbar von der vorangehenden erzälung ab, dagegen ist eine scharfe trennung von eingang und erzälung nicht vorhanden. Gleiche bestandteile bieten die *Seven ween*. Dem längeren erzälenden teile folgt stets ein *Ghebet* überschriebener abschnitt, dem als kleinere gebete das pater noster und der englische gruss sich anschliessen. Eine noch weiter gehende verengerung der einzelnen horenabschnitte liegt in den tgz. vorlutherischer zeit, die rein erzälenden inhalts sind, vielleicht nur scheinbar vor. Wem sie zur andacht dienten, der konnte auch aus dem gedächtnisse der strophe, die jeder hore zukam, das pater noster oder andere geläufige gebete zufügen. Diese in den hdss. auszuschreiben war demnach zwecklos, doch sind sie ähnlich wie in den Seven ween, im liederbuche der Hätzlerin (tgz. IV) durch die anfangsworte angedeutet.

Zweck der deutschen tagezeiten.

Die mittelalterliche kirche verhiess den regelmässigen horenbetern nicht allein hohen himmlischen lohn, sie verpflichtete auch unter androhung schwerer strafen alle kleriker zu genauer innehaltung des offiz, ja später galt omissio horae

14

unius etiam privatim sine iusta caussa als peccatum mortale, und omittens horae partem notabilem etiam peccat mortaliter. (Bonard de instit. etc. Duaci 1624, p. 443.)*) Es erklärt sich hieraus das hohe ansehen, in welchem während des 14. und 15. jhs. die offizien standen; einem sie behandelnden werke, dem Rationale Durand's, widerfuhr sogar die ehre, das erste mit metallettern gedruckte buch zu sein, und in der incunabelzeit folgten ihm sehr viele tractatus de horis canonicis. Das erklärbare verlangen, mönchen und nonnen, die täglich die lat. horen beten und singen mussten, meist ohne sie zu verstehen, ein verständniss ihres inhalts zu verschaffen (Hoffmann, Gesch. des dtsch. Kirchenliedes 2. Aufl. p. 151 n. 3. p. 90 n. ö.) —, dies verlangen, verbunden mit den bemühungen des bundes der Gottesfreunde und der broederschap van 't gemeene leven hat besonders in den Niederlanden eine reiche horenliteratur in der volkssprache zu tage gerufen.

Des himmlischen lohnes, den die horen verhiessen, teilhaftig zu werden, musste auch der wunsch des laien sein. Da kein canonischer zwang ihnen auferlegt war, konnten sie nach freier wahl in ihren häusern die offizien abhalten, und die versificierten stellen in tgz. VII deuten hierauf. Aber nicht allein, dass, wie schon oben bemerkt, das künstliche gefüge der canonischen horen zu vereinfachungen trieb, wie sie in dem andachtsbuche der Pariser tgz. u. a. uns vorliegen, bei der ihm obliegenden tagesarbeit hatte der laie auch wol selten musse zu so zeitraubender andacht. Die siebenmalige andacht der klöster ward zu einer einmaligen die sieben horen zugleich umfassenden, und die collecten der einzelnen horen vereinigten sich in ein zur ganzen dichtung gehörendes schlussgebet. Diesem zwecke einmaliger täglicher andacht dienten die kurzen lat. horendichtungen und die solchen originalen nachgebildeten deutschen tagezeitenlieder. Späterhin vereinigte selbst die kirchliche praxis — strenge klöster ausgenommen — die sieben horen in eine dreimalige, am morgen, zur vesper und am abend

---

*) Eine mndl. legende erzält von Beatrys, dass dieselbe, als sie sich sieben jahre lang dazu hergab *met haren lichame te winnen ghelt,* niemals vergessen hat täglich die sieben zeiten von unserer lieben frau zu beten. (Jonckbloot ndl. Lt. § 92).

abzuhaltende andacht. Die evangelische kirche nahm die drei-
teilung an, und es mag dieselbe auch bei den mährischen brü-
dern üblich gewesen sein. Es erklärt sich daraus wenigstens
die dreiteiligkeit in dem tagzeitencyclus M. Weisse's (oben
n. XIV.)

Schlussabschnitte und anfang der Pariser tagezeiten.

Nach dem gesagten bedarf es nicht mehr des verweises
auf v. 4065 ff. (Daz du durch dine pine hart Den bi wolles
wesen Die diz buch horen oder lesen),*) um auszusprechen, dass
nicht liturgischen zwecken, sondern der häuslichen erbauung
allein die Pariser tgz. gedient haben. Nicht ohne sinn für
composition hat der dichter die passionsgeschichte dem canonischen und dem marianischen offiz zugleich eingepasst und in
den erzälenden abschnitten das leiden des sohnes zum mitleiden
der mutter in beziehung gesetzt. Wie üblich schliesst er die
complete mit der grablegung Christi. Es mochte ihm indessen
wünschenswert scheinen, eine fortsetzueg der hl. geschichte an-
zuknüpfen, und so fügte er in einem 8. abschnitte (daz ufher-
sthene) das osterevangelium und in einem 9. eine betrachtung über
den inhalt des pfingstevangeliums hinzu (Dreveldekeit). Diese
letzten beiden abschnitte ergänzen ihrem inhalte nach die sieben
ersten, sind aber der form nach ihnen ungleich. Es ist keine
sonderung zweier oder mehrerer hauptteile mehr wahrnehmbar,
sondern es tritt dafür, besonders deutlich in abschnitt 9, eine
gliederung in eine reihe kleinerer, meist mit „Gelobit si" be-
ginnender abschnitte ein, an denen die strophenform (4, 6, 8
verse) überall zu erkennen ist.

Bevor wir zu dem sprachlichen teile unserer arbeit über-
gehen, habe ich nur noch die vermutuug auszusprechen, dass
die Prs. tgz. wahrscheinlich mit einer aufforderung zur andacht
unter hinweis auf die bedeutung der horen begonnen haben
(invitatorium), und dass hierzu von den jetzt fehlenden versen
etwa hundert verwendet worden sind (s. oben). Es spricht da-

*) Vergl. auch tgz. XIII, v. 301. *Dese getyden, Jesus heere Les-ic
dagelyes in u ere etc.*

für die auch das kirchliche horarium einleitende ladung zur
andacht und die analogie anderer tagzeitengedichte.

Zustand der überlieferung und metrisches.

Ein blick auf den text der Pariser tgz. zeigt, dass man
weder das autograph des dichters noch eine treue abschrift
desselben vor sich hat, sondern dass der schreiber bemüht gewesen ist, den ursprünglichen text in seine mundart umzusetzen.
Noch grösseren eintrag hat jedoch der treue der überlieferung
die ungemeine sorglosigkeit des schreibers getan, auf deren
rechnung nicht allein eine menge gröbster verderbnisse, die zu
heben unmöglich erscheint, sondern auch eine nicht kleine zal
von unzweifelhaften lücken (wie z. b. nach v. 1804, 3251,
3979 u. a.) zu setzen sind. Was bei solcher rohheit der überlieferung sicheres über die metrische kunst des dichters gesagt
werden kann, ist nur gering. Das gedicht ist, wie schon erwähnt, in vierhebigen reimpaaren abgefasst, die sich hin und
wider zu strophen von 4—16 versen vereinigen. An versen
mit zweisilbigen senkungen ist eben so wenig mangel wie an
versen mit 3 bis 5 hebungen. Da jedoch diese stellen meistens
auch dem sinne nach anstoss geben und besserungen leicht
sind, muss man diese regellosigkeiten dem schreiber zur last
legen. An vielen stellen sind diese fehler verschuldet durch
ungehörige apocope eines e oder en, durch anhängung eines
unorganischen e, durch umstellung, auslassung oder einflicken
von wörtern. So steht v. 608: durch uberflussic din pin
(l. dîne pîn); v. 1568: keine zunge nimmer kein dac (l. kein
zunge nimmer keinen tac); 423: wie falsche (l. valsch) sin rede
were; v. 500: wie falsch sine meinunge were (l. sîn meinung);
2393: man ich dich frauwe durch die helfe rat (frauwe ist zu
tilgen); 402: doch wart ein hirtir zil Dir von liden wart uf
geleit (das zweite *wart* ist zu tilgen); v. 2396: do er den dot
befant (l. dô er den bittern tôt befand); 682: da vone du muste
sundlich inphan (l. dâ von dû süntlich muoste enphân); 482:
des si lop und dank (l. lop dir unde dank) u. v. a.

Stärker verderbt sind die folgenden metrisch falschen stellen:

202. ·   er abe sluc
> ein ore daz die schrift alsus
> *bewisit, daz der selbe malcus*
> were also genennit.
>> (l.: Biwiset, daz der kneht Malcus
>> wære dô genennit.) —

280.   ich man dich daz schande und spot
> mit false wart an dich
> *gelaht do dich grimmes zornes rich*
> dich furten da mit slegen groz
>> (l.: ich mane dich, daz schande und spot
>> mit valse wart geleit an dich,
>> dô sie dich grimmes zornes rich
>> vuorten dâ mit slegen grôz.) —

319.   *von dem der megetlich von dir becleip*
> der grose min zu dir dreip
> durch den lide du pine.
>> (l.: der megetlich von dir becleip,
>> den grôze minne zuo dir treip
>> durch den lite dû pîne.)

Bemerkenswert erscheint, dass der dichter durchgehends hebung und senkung abwechseln liess. Versfüsse ohne senkung sind durch leichte änderungen meist zu heilen. Uebrigens betont der dichter békorúnge, géhorsám (s. z. Iwein 6444), dagegen sind beispiele schwebender betonung wie v. 1110: „zu dichten uf meisterschaft", höchst selten.

Alles dieses zeigt, dass wir es mit einer dichtung frühestens des ausgehenden 13., wahrscheinlicher des beginnenden 14. jhd. zu tun haben.

Die *reime* zeigen, abgesehen von den später zu erörternden lautlichen unregelmässigkeiten und unzweifelhaften schreibfehlern, folgendes bemerkenswerte: .

Rührender reim: nâ : magdalenâ 3009; armen : armen 1595 (pauper - bracchium); mertelêren : lêren 2493; lich : lich (clegelich - gewêrlich 2575 : getrûwelich 2987 : dugetlich 2945); liche : liche (degeliche : dienstliche 2571, bruderliche : getrûweliche

3051); heit:heit (kûsheit:kintheit 2170); mich:mich 3410.
Rührende reime mit verschiedener bedeutung sind gestattet;
lîch, lîche, lîchen im rührenden reime erscheinen mit ausnahme
von Walther und Freidank bei den besten dichtern des 13. jhd.
Auch das einmalige auftreten von heit:keit kann für eine
zeitbestimmung keinen anhalt gewähren.

Ungenaue reime: an:irgân 121 (a:â bei Wolfram und in
den Nibelungen nicht selten, wird von den besten dichtern ge-
mieden); follenkomen:befonden 3462, ist verderbt. Die stelle
lautet:

  3462. so lobelich follenkomen
        wir han daz in der schrift hefonden.
        (l. follenkomen : vernomen.)

Gleichfalls verderbt sind: crefte : lufte 2593 und intwitzit
: gedruckit 1401.

  2593. o fruchte der erden crefte
        o cirde rich der lufte
        (l. grüfte : lüfte.)
  1400.   da von wart intrant
        fil manche wonde intwitzit
        daz in sa waz gedruckit
        daz din gewant.
        (l. entrücket : gedrücket vgl. Frauenlob 146, 9.)

Dass die verse, in denen zwolfbodin:dâden 2459 und he-
rodê:wêre 663 als reime vorkommen, verderbt sind, zeigt der sinn:

  2459. waz zeichen der zwolfbodin
        wisheit sermonen daden
        for konegen hohen fursten rich
        daz volbracht besunderlich.

Ein reim boten:tâten wäre eine unerhörte rohheit. Der
sinn soll offenbar der sein: die apostel erhalten die fähigkeit
zu lehren erst durch das *consumatum est* Christi, welches das
erlösungswerk beschliesst.

  661. ich man dich falscher dinge
        der da fil an dem ringe
        wart funden vor herode
        daz diner schulde die nie were
        ich man dich —

Wahrscheinlich fehlen hier einige zeilen zwischen 663 und 664, wol auch zwischen 664 und 665. Wie die beiden stellen zu emendiren seien, bleibt fraglich; jedenfalls fallen die beiden reimpaare dem schreiber zur last. Einmal fehlt der reim völlig, ohne dass eine lücke nachzuweisen ist:

2640. ich mane dich der clage groz (: schoz)
    der du spreche reine frucht -
    do din eingeborn son
    doch in dime schose lac (: plac),
wo zu lesen ist:
    die dû spræche reine fruht
    dô dîn eingeborne zuht
    tôt in dîme schôze lac.

Lautlehre.

Um mundart und heimat des dichters bestimmen zu können, wird es notwendig sein, die dialectischen abweichungen vom mhd. sprachgebrauche zusammenzustellen und, wenn möglich, durch analogieen zu belegen. Abweichungen ergeben sich am deutlichsten aus den reimen, worte ausserhalb des reimes sind erst in zweiter linie zu berücksichtigen. Die folgenden vier categorieen werden bei der Untersuchung aufzustellen sein:

    I. Was ist lediglich rohheit des schreibers, daher nicht zu untersuchen, sondern zu bessern?

    II. Welche nicht mhd. reime der hds. ergeben, in's mhd. umgesetzt, reine mhd. reime?

    III. Was ist mhd. weniger gebräuchlich, aber doch hin und wider gesetzt?

    IV. Was ist mhd. unmöglich?

    I und II ist sorglose überlieferung, aus II besonders wird sich die mundart des schreibers bestimmen lassen, III bleibt zweifelhaft und aus IV muss sich des dichters mundart ergeben.

2*

A. Vocale.

a. *1. für o.* sal: *wol* 1137. 2466. (*sal* ist ist regel innerhalb des verses, *sol* : *fol* 1330); *abe* (ob) 44. 2913. 3639; *ader*
1049; *bekarunge* 31. — In den tgz. findet sich *sal* nur im
reime zu *wol*, dies und der reim *sol*: *fol* zeigen, dass *sol*: *wol*
herauszustellen ist; *sal*: *wol* ist von einem md. schreiber gesetzt worden; dem schreiber gehören ebenfalls *ader* = oder
und *abe* = ob (vgl. *obe* 649. 768.) sowie mnd. *bekarunge* für
bekorunge (vgl. Wackern. leseb. 983, 10. Zu einer zyt betroge
Amelius die bekarunge). Verderbt ist *for* : *offenbar* 1976.

> ich mane dich . . .
> daz dich der wisen swert fersneit
> simeonis offenbar
> daz dir waz gesaget for.
> l.: daz dir gesaget was vür wâr.

Dass in *for*: *har* 1237 das *a* schreibfehler für *o* ist, zeigt
1213: *daz man warf hor und steine;* es ist also zu lesen:

> . . . da mede dudit sich
> der sin den (du) in seite for
> da man uf dich steine und hor
> warf . . .

2. für den umlaut e. Einmal ausserhalb des reimes *obir-
habin* (überheben) 45. Md. *haben* für *heben* bei Herm. v. Fr.
154, 16: *man sol in haben von der stat.*

â. *1. für ô.* In der zeile sind *dâ* und *dô, sâ* und *sô*
häufig ohne jede unterscheidung gebraucht.

2. â entsteht durch contraction in: *hat* : *firfat* (*vervâhet*)
2826; *hat*: *versmat* (*versmâhet*) 3846; *gedan* : *inphan* (*enpfâhen*)
682; *gedan*: *gegan* (*gegangen*) 3541 (vgl. *gedan*: *gegangen* 3610).

3. für schauwen : *frauwen*, welches regel in den tgz., steht
einmal *schawen* : *frauwen* 1803.

dâ und *dô* und *sâ* und *sô* werden, wie im md., sehr häufig
verwechselt, vgl. Bartsch Erlös. VII. — *vât* für *vâhet*, demnach
auch *smât* für *smâhet* ist nach Pfeiffer, Fr. Forsch. 189 „Ueber
Freidank" vorzugsweise md., doch hat Flecke *vân* 1891 im
reime, und selbst die 1. pers. plur. *gevân* 6584 (vgl. *Sommer
zu Flore* 146) *verrât* : *rât*, Er. 906 und bei Hartmann, Ulr.,

im Lanzelet etc., also auch oberdeutsch, ebenso wie *gegân*
: *getân* (vgl. Nibel. 383. 630). 3610 ist also *gegân* zu lesen.
schawen für *schouwen* steht Megb. 161, 30, *durchschawt* das.
187, 10 und ist == bairisch *schauwen* (vgl. Weinh. Bair. Gr.
§ 99).

    e. *1. für a.* Im reime nicht nachzuweisen, mithin dem
schreiber gehörig; ausserhalb des reimes häufig: *gedenkin* (gedanken) 88; *des* und *dez* (daz) 37, 47 u. s. w. *gertenere*
(*gartenære*) 3627; *merteleren* (*martelæren*) 2493; *dreueldekeit*
(*drîvaltec - heit*) als überschrift zum letzten abschnitte (3868),
dagegen *drefaldekeit* 2832; *mechte* (machte) 209.

    2. für i. Wo im reime *e für i* steht, ist durchgängig
der mhd. reim herzustellen, also ist kein grund, den dichter
dafür verantwortlich machen zu wollen. *ligit* : *anegesegit* (*liget*
: *siget*) 3035; *fersegelt* : *beregelt* (*versigelt* : *berigelt*) 2389;
geseget : *segit* (*gesiget* : *siget*) 3395; *gesegit* : *wiget* (*siget*)
1969; *ger* : *mir* (*gir*) 3270 (vgl. *gir* : *mir* 3297 u. a.); *brenge*
: *misselinge* (*bringe*) 2318.

    Im verse *brenge* 2671; *mede* (mit) 331. 571. 626 u. ö.;
segehaft (*sigehaft*) 1762. 2228; *eme* ist häufiger als *ime*;
wes (*wis*) 3535.

    e für a und für i weist auf einen md. schreiber.

    e für a vor liquiden, Myst. 570; *dez für daz* bei Herm.
v. Fr. 202, 29 (*dez lûterste*); *mechte für machte* Elis. 6350;
lege, Herm. v. Fr. 37, 31. *legen* das. 56, 2; *gewegit*. Jerosch.
16c.; *vorsegiln* Ludw. 37, 23; *brengen*, Herm. v. Fr. 13, 18;
vollenbrengen Elis. 34, 5; *brengen* sowol wie das rein nieder-
deutsche *mede* (mit) begegnen häufig im Karlmeinet (vgl. Bartsch
a. a. o. 219 ff.) und weisen auf den Niederrhein. *mede*, mnl.
z. b. Haupts ztschr. 5, 385. De deif van Brugge, zeile 11:
mede : *rede*.

    3. Anhängung eines unorganischen e ist in und ausser
dem reime sehr häufig, gehört aber ausschliesslich dem schreiber an. Zweifelhaft ist nur das zweimal im reime stehende
adj. *frie* (*vrî*): *arztie* : *frie* (*werder mensche frie*) 2189 und
aromathie : *frie* (*der edel diener frie*) 2889. Das *e* ist durch
den reim gedeckt. Es hat hier aber nicht so wol anhängung
eines unorganischen *e*, als vielmehr verwechselung des adj.

vrî mit dem subst. *vrîe* stattgefunden. *vrîe* (liberum) : *schrîe*
zeigt Hermann der Damen (MSH. 3, 163ᵇ, 6), ein norddeutscher
um 1272. Das subst. ist aus den tgz. nicht zu belegen.
Nimmt man indessen hier eine dem dichter gehörige anfügung von
unechtem *e* an, so findet sich eine analogie in dem von Weinh.
Bair. Gr. § 17 angeführten *leckerîe* : *bîe* aus Laber 427, 7.
440, 4. In den bereich des md. gehören die folgenden un-
echten *e* (vgl. Pfeiffer, Jeroschin LVIII): *ewangeliste* : *biste*
(*sint du der erwilte biste* 3172; *hant* : *genante* (*fürete hoch
genante*) 2931; *an* : *gemane* (*mit truwen dich gerufe an*) 2261;
mich : *geduldecliche* 1395; *genante* : *gewante* (*ich man dich
furste hoch genante, daz dir ein wiz gewante*) 665; *genant
: gesante* (*der geist der uz wart gesante*) 4027; *slane* : *stane*
(*daz mir din stose und din slane, also zu staden moge stane*)
346; *fin* : *schine* (acc.) 2517; *usserwilte* : *erquilte* (*erwelt* : *erquelt*)
2821; *bereit* : *selekeide* 1258; *leit* : *sussekeide* 3167; *began
: manne* 1808. Das 26 stehende *slafene* (*da er si slafene alle
fant*) ist wol nur schreibfehler für *slafende. slafende finden*
z. b. Iwein 3439. 3459. Im gegensatze zur anhängung erscheint
in den tgz. eine *apocope des e* an folgenden stellen: *stet* : *gedet*
(*firwirkit wol an mancher stet* : *sa dieser mensche nie gedet*)
1791; *richter* : *swer* (*die vor dem ersten richter* : *worden funden also swer*) 353; *swere* : *ser* (*sêre*) 1581 (vgl. *sere* : *swere*
1196. 1626; *swer* : *her* (*hêre* : *swære*) 335 (vgl. *here* : *swere*
37. 1807. 3481. 262). Dem dichter zuzuschreiben ist eine
apocope in: *stein* : *reine* (l. rein) *sunden reine* (nom.): *in einen
stein* 3842; *erschein* : *reine* (l. rein) 3039. Correcte form wäre
reine; *rein* ist nicht nicht häufig, z. b. Salomon u. Morolf ed.
v. d. Hagen v. 981 *stein* : *rein*; Rumelant (ein sachse um 1270)
nein : *stein* : *unrein*. (Ueber die apocope des *e* im dativ s. unter
„formenlehre“. 1791 ist zu lesen:

    verwürket wol an mancher stete
    dô diser mensche nie getete
verwürket cf. Konrad v. Würzburg. Otto 421 u. dazu Hahn.
vgl. Trist. 89, 29 *an einer stete* : *den ein harpher tete*.) 353 l.:
rihtære : *swære*. 1581 *sêre* : *swære*. 335 *swære* : *hêre* (Ueber
ê : *æ* vgl. unter *ê*.)

ê. *1. ê für â* und *ê für î* finden sich nur ausserhalb des reimes: *nechen* (*nâhen*) 10 (vgl. *nahen : intphahen* 1598); *schechere* (*schâchære*) 1243; *drefaldekeit* 283 als überschrift. *schêchêre* bei Herm. v. Fr. 39, 21, *nêhet : gesmêhet* Elis 345 zeigen, dass der schreiber kein oberdeutscher war. *drê* für *drî* belegt Weinh. Bair. Gr. § 258 aus einer Altenburger urkunde von 1305. Indessen findet eine trübung von *î* zu *ê* auch im ndrhfr. statt.

2. für æ. Hier ist zu unterscheiden, ob *æ : œ* oder *ê : œ* im mhd. reimen würden.

a) *mhd. æ : œ. neme : gezeme* 1893; *were : gebere* 1515; *gebere : swere* 1215; *wonderere : mere* (*mære*) 3699; *were : mordere* 800; *neme : queme* 538. 1422. 3562. 3075 (*ferneme*) 3680; *richter : swer* (*rihtære : swære*) 353; *swere : were* 465. 1092. 65. 2703. 1380; *sweren : weren* 836; *scheppere : schechere* 1243; *swere : wonderere* 1732; *scheppere : were* 173. 424. — In der zeile z. b. *unmesic* 787; *gewerlich* 2575.

b) *mhd. ê : œ. gertenere : herre* (*hêre*) 3627; *here : swere* 57. 1807. 262. 3481. 335 (*swer : her*); *merteleren : leren* 2493; *ere : portenere* 3209; *kerin : richterin* 491; *sere : swere* 1196. 1626. 1926; *swer : ser* 1581; *lere : swere* 745. 3428; *swere : ere* 1321; *flehe : sehe* (*du sæhe : mit flehe*) 2217; *eren : speren* 3893; *were : here* 3762. 3078; *magdalenen : wenen* (*wænen*) 3797. Einzig steht *rechte : brechte* (*rêhte : bræhte*) 3518.

Zweifelhaft ist von den angeführten reimen nur *speren : eren*, da *spæren, spêren* auch oberdeutsch zu schwanken scheint. Aus mhd. *æ* wird nach durchgängiger regel in den md. mundarten *ê*. Die unter a. angeführten reime sind mhd. reine, zeigen also nur, dass der schreiber nach md. gebrauche schrieb. Für den dichter sind die reime unter b. von bedeutung. Von diesen reimen kommt nur einer bei einem oberdeutschen (bairischen) dichter vor: *hêre : swære* im Reinbot v. Turn, Georg 22ᵇ, wo Gr. Gr. I¹, 344 *hêr : sêr* liest. Alle übrigen sind ausschliesslich md. Gleiche und ähnliche reime erscheinen häufig in den md. quellen, Jeroschin, Erlösung, Elisabet u. a.

3. ê für ei. heilin : firdelin (verteilen) 349 (vgl. *geheilit : firdeilit* 1071); *bereit : ewicket* 1233; *heil : ortel* (urteil) 293;

24

erweichen : *rechen* (reichen) 2665. In der zeile z. b. *wishet* 1899; *gothet* 1644; *hel* 423.

ê für ie. gezerit : *geflorerit* (*gezieret* : *geflorieret*) 1488; *gezeret* : *gefloreret* 1381 ; *bleben* 3099.

ê für ei und *für ie* gehören dem schreiber, wie die unreinen reime zeigen; beide finden sich in md. quellen, bei Jeroschin und Herm. v. Fr.; letzterer hat *hêligen* 44, 18, *hêlsam* 135, 3, *irwêchin* 171, 3. 140, 31; *lêber* : *lieber* das. 37, 35. Häufiger erscheint dies dem nd. zuneigende *ê* im Karlmeinet (vgl. Bartsch zu K. p. 224).

i. *i für e* zeigt sich in wurzel-, flexions- und vorsatzsilben :

a) *i für e in wurzelsilben. nert* : *firt* (*vert*) 1664; *ernirt* : *erwirt* (*ernert* : *erwert*) 3284. 2366; *erwilt* : *gequellt* (*erwelt gequelt*) 995; *erwickit* : *ferzwickit* 1536; *hilt* : *gewilt* (*helt* : *gevillet?*) 1623; *usserwilte* : *erquilte* (*erwelte* : *erquelte*) 2821.

Für den dichter von wichtigkeit sind nur 1536 und 1623, die im mhd. nicht möglich wären.

1535. faste wart firzwickit
    da mede wart erwickit (entstricket?)
    menschlich kunne ubir al,
    erquickit von des dodis fal (vgl. Pass. 174, 33 Leyser
        pred. 70, 29).

1623. ich man dich kempe werder hilt (kempfe wert, gewillet?)
    Jhesus daz du dar na gewilt (dar nâch gevillet?)
    gepinget und geplaget sere
    worde — — (vgl. Frauenlob 82, 14. Lohengr. 204
        = 2033).

b) *i für e in flexionssilben* findet man in und ausser dem reime überaus häufig. Beispiele s. unter den lesarten der zu schluss abgedruckten complete. Ob dieses *i* dem dichter schon zugehörte, lässt sich nicht feststellen, doch würde es nichts für die bestimmung seiner heimat ergeben, da es sich gleichmässig im bair. (Weinh. § 20), alem. (Weinh. § 115) und md. (s. oben) findet.

c) *i für e in vorsatzsilben* zeigt sich häufig, z. b. *intphinc* 412; *firmaz* 2741; *irnuwin* 498. Daneben erscheinen auch die formen *ent, ew, fer, er-,* die wahrscheinlich dem dichter gehören. Einmal ist aus dessen *ü* ein *i* gemacht in (*kunne:*) *winne* 194. Diese verdünnung belegt Gr. I² 471 mit mnl. beispielen, Weinh. Al. Gr. § 22 mit *sumerwinne* M. F. 3, 25 A und mehreren stellen aus späteren dichtern. Der reim *behut* : *guit* 3186 fällt gänzlich aus dem charakter der übrigen *i*-reime und ist deshalb schreibfehler. Wäre das nicht der fall, so würde *guit* auf den Niederrhein (Cleve) weisen, doch kommt *ui* in tgz. sonst nicht vor. (Den gleichen reim bietet Herm. v. Fr. in *luit* : *luot* [von laden] 241, 6.)

i *für ie. i für ie* gehört dem schreiber, der unterschiedslos daneben auch *ie* gebraucht, so besonders in den den praeter. gienc, hienc, vienc; z. b. *anefinc* : *hienc* 1781; *ginc* : *fienc* 2740. 3292. 2347; *finc* : *gienc* 2893; *befinc* : *hinc* 1631 u. s. w. *flissen* : *disen* (vliezen : diezen) 1552; *verlisse* : *verkisse* 513; *verrit* : *dit* 157; *geniesen* : *spisen* (spiezen) 144; *dire* : *zirde* (tiere : ziere) 3908; *behilde* : *verschilde* 429 u. a. — *si* fast immer für *sie,* oft *di* für *die.* Bemerkenswert ist *dit* : *nit* (diet : niet) neben *schiet* : *niet* 3566. Die reime zeigen sonst *nicht* : *pflicht* (s. unter *p*) und jenes *nit* ist völlig vereinzelt. Schreibfehler ist *i* für *iu* in *drige* : *gezuge* 3712, sonst steht überall *druge*; ebenso *i* für *ei* in (*geseit* :) *firsnit* 2010, daneben *firsneit* 1975; ebenso *beiden* : *liden* 2722.

o. *1. für u. kunt* : *ferwont* 2979; *funden* : *wonden* 80; *frocht* : *unzucht* 679 (vgl. frucht 3940); *besunder* : *wonder* 1372. 3291. 2916; *bronne* : *wonne* 1076; *konde* : *munde* 2614; *dogint* : *iogint* 695; *gebonden* : *gewonden* 1935; *gedult* : *scholt* 1029 (vgl. gedult : schult 795); *gedult* : *unuerscholt* 556; *gebunden* : *wonden* 891; *ordenunge* : *spronge* 1334; *orizunten* : *ponten* (punten) 2533; *stunt* : *wont* 1938. 2007; *geburte* : *sporte* 2963; *wonden* : *fonden* 2789; *grunt* : *firwont* 1735; *wonden* : *sunden* 1737; *stunden* : *wonden* 3100. 3121. 3092; *brust* : *gekost* 2971. Sämmtlichn reime werden zu mhd. reinen, das *o* gehört also dem schreiber. Die reime *intrunnen* : *wonnen* 2999 und *bronne* : *wonne* 1076 zeigen, dass hier der dichter *wunnen* gesetzt; zweifelhaft ist, ob für *konne* : *wonne* 2544 *künne* : *wünne*, oder *kunne* : *wunne* zu lesen sei; der reim *sunne* : *wonne* spricht dafür, dass auch hier *wunne* : *kunne* für den dichter anzunehmen ist. Dass der dichter den umlaut *ü* nicht anwandte, wäre dann auch wahrscheinlich für *ertgeruste* : *loste* 2595 (meien blut in loste), wo im reime zu dat. sing. *huste* (lüste) : *ertgeruste* (gerüste) gelesen werden kann. Vielleicht brauchte der dichter, wie z. b. Konrad Fleck, *u* und *ü* zugleich (s. Sommer zu 25). Eine bestimmte heimat ist weder dem *u* noch dem *ü* zuzuweisen, beide werden in wünne und künne oberd. und md. gebraucht (vgl. z. b. Wbch. I, 912ᵃ und Bartsch, der dichter der Erlös. Pf. Germ. VII, 2).

Analogieen zu *gedult* : *solt* (subst.)

2183. vor alme zorne rich gedult
vor alme droste richer solt

finden sich in Heinr. v. Veld. M.S.H. I, 35, 6:

des habe ich guot gedolt: holt : unverscholt : solt,
Parz. 462, 7 DGg durch iwer zuht gedolt : unscholt.

Im verse *o* für *u.* z. b. 505, 33; *dorch* 254; *dogent* 3984; *or* für *ur* in *orkunde* 2874; *ortel* 293; *orhap* 2019. 2878.

2. *o* für *ö. mochte* : *duchte* (möhte : töhte) 45. 1163; *zwolf* in zwolfboden 2459.

3. *o* für *û* in der praep. *ûf* = of, off, 26; *offerstende* 347. 3808. 3787. 3833; *oferstende* 4012; *of* 1083 (vgl. uf 656. 1179; *ufherstene* als überschrift 3460).

4. *o* für *ü. burde* : *worde* (würde : bürde) 1601. 1120. 3117. 1119 (vgl. burde : wurde 2881). In der zeile z. b. *moget* (müget) 28; *obir* 45. 1162; *vor* (für) 41.

5. *o* für *ö, û, ü* gehört dem schreiber; *o* für *u,* vor liquiden besonders, *o* für *ö* in *mochte, zwolf* ist md. nachgewiesen (vgl. Bartsch, der dichter der Erlös. Germ. VII, 2). *of* und *off* = *ûf* sind mnd. (vgl. Wack. leseb. 1007, 42 und Bartsch über Karlm. 222). *o* für *ü* md., z. b. *worden* Herm. v. Fr. 30, 34; *mogen* das. 44, 31. 90, 14; *ober* das. 76, 23 u. s. w.

6. *o* für *a. fermochte* : *bedachte* gehört gleichfalls dem schreiber. Zu lesen ist *fermahte* : *bedähte*; *mahte* für *mohte* weist auf oberdeutsche mundarten, vgl. Weinh. Bair. Gr. § 5326. Al. Gr. § 278.

ò. *ô* für *u. son* : *don* (sun : dôn) 2377. 1995. 2377 ist leicht verderbt:

daʒ dich dan ein geborner son
dich mane daʒ des grimme rufes don
l.: daʒ mich dan . . .
    mane des grimmen rufes don.

Hier ist zweierlei denkbar: entweder, der dichter schrieb *sôn : dôn*, dann würde er eine mnd. form *sôn* gebraucht haben, dies ist nach dem, was über seine mundart bereits festgestellt, durchaus nicht wahrscheinlich; oder er schrieb *sun : dôn*. Dann würde für *sun* suon anzunehmen sein. Diese diphthongisierung bespricht Gr. Gr. I ², 359 und Weinh. Bair. Gr. § 114. Nach Weinh. § 113 zeigt das bairische neigung *ô* in *uo* zu diphthongisieren (z. b. sô : fruo Wigam. 1779); ein hiernach anzusetzender reim *suon : dôn* würde also den dichter nach Baiern weisen.

Die hs. der tgz. zeigt durchgehends *ò* für *œ*. Die folgenden reime, die mhd. nur *œ* mit *œ* binden, lassen erkennen, dass *ô* für *œ* dem schreiber gehört: *erlosin : bosin* 3113; *losin : bosen* 2337; *erhohit : inploit* (enphlœhet) 1485; *honen : kronen* 964; *horen : koren* 1519. In der zeile z. b. *erhoren* 258; *noden* (nœten) 1242.

2. *ô für uo* in *fro : zu* (vruo : zuo) 3983 gehört gleichfalls dem schreiber.

u. Die hds. macht keinen unterschied zwischen *u* und *û*, sie setzt für mhd. *u, ü, û, uo, iu, üe* gleichmässig û*), zuweilen blos *u*; wie der dichter geschrieben, wird sich aus den reimen ergeben.

1. *u für o* ist von dem schreiber an folgenden stellen gesetzt worden: *fernomen : vollekumen* 913 (vgl. follenkomen 3463. 2485); *wolde : dulde* (tolde) 2927; *mochte : duchte* (tohte) 1163; *fur : dur* (vor : tor) 1293. In der zeile z. b. *fugelin* (vogelin) 1649. Verderbt sind: *sulde : wolde* 3029 und *wolde : obirgulde* 175.

2. *u für ü. orkunde : funde* (urkünde : vünde (pl.) 2874. 1255; *worde : burde* (würde : bürde) 1601. 1120. 3117. 1119; *wurde : burde* 2881; *gekundit : inzundeit* 3362; *stucke : ungelucke* 85. Verderbt sind: *spur : folkur* 588.

*) Aus typographischen rücksichten ist in dieser abhandlung an stelle des zeichens û stets u gesetzt worden.

sint ich spur
587. und weis daz du nit folkur
mit willen lisse suchen dich
vor pilato schemelich.

Vielleicht zu lesen:

ich spür
und weiჳ, daჳ dû nâch willekür
mit willen lieჳe smæhen dich
vor pilato schamelich.

1912. gequickit : geruckit 1912:

... arme und hende ...
faste an daz holtჳ gequickit
und uz ein ander geruckit
l.: gedrücket : gerücket.

2593: *crefte* : *lufte* (grüfte : lüfte vgl. unter „Metrisches“).
Wo der dichter den umlaut *ü* gebraucht habe, wo nicht, ist
aus den reimen nur in einigen fällen zu ersehen (vgl. unter *o*).
z.b. *winne* : *kunne* 194, wo wünne : künne wahrscheinlich ist;
geluste : *kuste* (geluste : kuste) 2936; *bruste* : *ertgeruste* 3510 ;
wahrscheinlich *brüste : ertgerüste,* da bruste plur. ist. (Maria
sagt, „er begerte miner bruste“ vgl. z. b. Parz. 113, 18 diu
hœhste küneginne Jêsus ir brüste bôt.)

Graphische licenz ist, wenn die hds. *u für v und w* setzt
wie: *unuerscholt* 556; *uader* 36; *suere* 262.

û. Formen wie: *anebuჳ : doჳ* (dôჳ : anebôჳ) 1548; *dut*
: *not* (tôt : nôt) 2998; *erbut : dot* (erbôt : tôt) 436 sind rohheiten
des späteren schreibers.

Wie oben bemerkt, kennt die hds. keinen unterschied
zwischen *û* und *iu.* Es wird demnach bei *u*-reimen festzu-
stellen sein, ob mhd. *iu : iu,* oder *û : iu* reimen würden:

a) mhd. *iu : iu: genuset : fluset* 4044 ; *creature : ungehure*
393. 3921 (gehure); *dure : sture* 2872; *irnuwin : truwen* 498;
nuwe : getruwe 3318; *nuwen : ruwen* 218. 3181; *ruwe : ernuwe*
705; *ungetruwin : nuwin* 133; *ungetruen : verspuen* 445; *gesturet : firduret* (vertiuret) 629.

b) *û : iu* mhd. *sur : fur* 2300 (sûr : viur); *stunt : frunt*
(stunt : vriunt) 3197; *sûr : fûr* (vûr) wäre md. (vgl. z. b. Erlös.
Elis); vielleicht aber schrieb der dichter *siur : viur* ; siur würde

29

dann entsprechen einem alem. triuric — trûric, welches Weinh.
Al. Gr. § 137 aus dem 14. jh. belegt. *frûnt* (für *vriunt*) ent-
stand im bairischen aus *vriunt*, und wurde im 15. jh. ge-
kürzt zu *frund* vgl. Weinh. § 60 u. § 30.

Bei *gebluwen* : *ruwen* 878:
din herze hart von ruwen
wie er geslan gebluwen
an der sule wart . . .

kann man für den dichter *gebliuwen* : *riuwen* oder *geblouwen*
: *rouwen* annehmen. Letzteres ist wahrscheinlicher, da *ge-*
bliuwen nicht belegt ist; *zerblouwen* : *gerouwen* steht Nib. Z.
135, 6, 1. *rouwen* : *geblouwen* sind oberdeutsche, namentlich
bairische formen (vgl. über diesen übergang von *iu* in *ou*
Gr. Gr. I³, 194, Weinh. Bair. Gr. § 101 u. 269. Al. Gr. § 70).
Mit ausnahme von *frunt* gehören also sämmtliche für *iu*
stehenden *û* dem schreiber. Das gleiche ist der fall mit *û*
für uo und *û für üe* :

uo; *fro* : *zu* 3984; *blume* : *rume* 3241; *kluc* : *gedruc*
3952; *blut* : *dut* 2848. 2730. 2783; *dun* : *sun* 708 (tuon : suon
vgl. Kl. 197 c. Nith. 103, 16. 31, 13. Roseng. Hg. 751):
druc : *sluc* 201; *duch* : *buch* 3322; *gut* : *blut* 2745; *gudir*
: *mudir* 1309; *gude* : *hude* 691. 1991. 2069; *gude* : *mude* 3624;
behut : *guit* 3816; *hude* : *mude* 82; *muder* : *guder* 3329. 1956;
rude : *blude* 1569; *ungefugin* : *slugin* 191; *ungefuch* : *druc*
1082; *ungefuc* : *druc* 1168. 1386; *ungefuc* : *gnuc* 2096; *nut*
: *blut* 2840.

üe; *ungefuge* : *druge* (ungefüege : drüege) 1240. 1174;
gefuge : *virdruge* 776; *susze* : *fusze* 3025; *unsussen* : *fussen*
1636; *begnute* : *fugete* (begnüegte : füegte vgl. unter „Wortschatz") 2699.

In der zeile steht *û* für *iu* z. b. *kusheit* 2170. 2481;
kusche 1573. 2017; *dufele* 100; *û für üe* z. b. *otmudeclich* 42.

B. Diphthonge.

1. *au für ou*. *beraubet* : *betaubit* 2519; *duuwe* : *frauwe*
2267. 2402; *schawen* : *frauwen* 1803; *kauf* : *lauf* 1463. Einmal steht in der zeile *au für ou*. Nach Weinh. Bair. Gr. § 99

drängt sich dieses *au* besonders vor gegen ende des 13. jh., und verdrängt das *ou* im bair. allmälig ganz. Allgemein deutsch, doch erst am ende des 13. jhs. auftretend, ist die diphthongisierung des *û* in *au* (vgl. Al. Gr. § 51. Bair. Gr. § 70.

2. *ei für ê* steht in *steit* : *freit* 1637; *geit* : *fret* 109; *geit* : *steit* 1605; *gein* : *stein* 1742; doch *stan* : *han* 1756. Dieses *stân* : *hân* führt für die andern reime auf *stân* : *gân*, *stât* : *gât*; dann müste aber auch 109 und 1637 zu *stât* und *gât* *frât* gelesen werden. Das wort *fret*, *freit* ist unklar:

109. fur loft centrum und daz fret
waz flugit flusit odir geit.
1637. daz firmamentum und daz freit
wie osten norden westen steit.

Am nächsten liegt *frêt*, das in *freit* der diphthongisierung von *geit* gefolgt ist, aus dem lat. fretum = meer zu erklären, doch ist ein lehnwort *fret* aus andern deutschen quellen nicht zu belegen. Möglicherweise ist es beide male verschrieben für *grât* (stât : gât), in der bedeutung wie Hätzl. I, 127, 114: *des himels grât* (Boner 4, 25 grât : stât). Möglich auch, dass *sprât* dafür zu setzen. In einem gedichte des kanzelers (eines oberdeutschen nach Konrad v. Würzbg.) M. S. Hgn. 2, 388 f. g. findet sich „des regens *sprât*" (M. S. Hgn. 2, 390[b] 11) in ähnlicher umgebung.

3. *ei für æ* einige male *seilde* (sælde) 26, 178. *Dies ei für æ* tritt seit dem 13. jh. im alem. auf, z. b. *meilic* : *seilic* Mart. 6, 56 (vgl. Weinh. Al. Gr. § 58).

Zweimal steht in der zeile *freide* für *fröude*; *freidenrich* 374; *freidekeit* 849; *freid* : *leid* Murner luth. N. 52 ist alem. (vgl. Al. Gr. § 131). Wahrscheinlich beruht indessen *freidenreich* und *freidekeit* in der hds. der tgz. nicht sowol auf einer mundartlichen eigentümlichkeit, als auf schlechter aussprache des schreibers.

4. *eu für ei*. *neigete* : *bezeugete* 2427 gehört dem schreiber.

3528. da du in gude zeugete
und gutlich dich in eugete
ist zeigetest : neigetest zu lesen (über die 2. p. s. praet. in te s. unter „Formenlehre").

5. *ie.* Ueber die reime diet : *niet*; schiet : *niet* s. unter î.
Ungewiss scheint, ob die stelle 1471
> ungemirkit menschen diet (l. diete)
> ungedudit zungen niet (l. niete)

hierher zu ziehen sei. Möglicherweise ist hier *niet* zu ahd. *niot = desiderium*, von welchem stamme sich im Parz. noch *gegenniet* (391, 1. 444, 16) findet, zu setzen. Für *zit : verspiet* 562 ist *zît : verspît* anzunehmen. verspît ist zwar vorzugsweise md. (Elis. 4601. zît : verspît), erscheint jedoch auch bei Bert. v. Regensb. 254, 10 als bairische form. Einen oberd. reim zît : verspît bietet Hahn, Ged. des XII u. XIII jhs. p. 128, 53 verspît : gît, cf. *hochgezît gevrît* (gevrîet) Häslein 368 (v. d. Hagen gesamtabent. 2, 15). Ueber den verderbten reim *me : wie* 1890 s. unter „Metrisches“).

C. Consonanten.

a) Liquide.

Rohheit des schreibers ist das *doppel l* in *oberall* 3161; *gequellt* 781; schreibfehler der ansfall des *l* in *behielt : ûrschit* (von verschalten) 1820 (vgl. 429 behilde : virschilde). Bindung von *m : n* ist auch bei genauen dichtern nicht unerhört (so bei Walth. und Freid.); wir finden *an : wonnesam* 2797; *ran: freisam* 2769. Neben *dugentlich* kommt öfter *dugetlich* zum vorschein, so 2745. 3988. 3496. 3349. Ist *dugetlich* nur schreibfehler, oder eine dem ahd. *tuged, tugid* entsprechende mundartliche form? *n für nn* in *brune* 1191; *wunesam* 687; *nn für n* in *sinn* weisen wie *all* und *erquellt* auf einen spätern schreiber. (Ueber *n* in der 1. p. sing. praes. und der 2. p. pl. praes. s. unter „Formenlehre“.)

Das vom schreiber gesetzte *burnen* 2087 für *brunnen* ist nd., erscheint jedoch auch im elsässischen (vgl. Weinh. Al. Gs. § 197). Die ältere form *hêrre* einmal im reime zu *gertenere* (hêrre : gartenære) 3627. Für *gestirne* steht *gestirre : irre* 2537 (vgl. morgensterre 1859); *gestirre* im Antichr. 128, 13 und zweimal im Albr. v. Halb. ist vorzüglich md. und nd.

Ein ausfall der *r* ist anzunehmen in *fochte, fochtes* u. s. w. Die betreffenden stellen lauten:

1786. da sprach der ander fochteclich
fochtes du nit godes zorn.

18. sin herze starke fochte inpinc.

167. daz wart von fochte groz gedan.

301. ich man dich daz durch fochte starc
petrus sin truwe an dir firbarc
mit starcker leukenunge
von fuchten ordenunge.

Zu grunde liegt mhd. *vorhte, vürhte*; ˙mnd. und mnl. ist
vruht und *vroht* (vgl. Gr. Gr. I², 488). Ein ausfall des *r*
findet bei Jerosch. statt, aber nur vor liquiden und in flexionssilben, nebenher gehen die regelmässigen formen. Dass dieser
ausfall des *r* nicht dem dichter, sondern dem schreiber gehört,
zeigt der reim 3183:

˙ . . . . . of allem orte
daz du durch der iuden forte
ferleukende des scheppers din.

Diese verhauchung des *h*, wie Weinh. sie nennt, ist im
bair. nicht selten (vgl. Bair. Gr. § 194). Da indess der schreiber systematisch das *r* ausgestossen hat, ausser da wo der reim
∹*orte* es unmöglich machte, so kann kein schreibfehler, sondern nur eine mundartliche eigentümlichkeit des schreibers die
schuld tragen. Im bair. beschränkt sich der ausfall des *r*
vorzüglich auf den auslaut (vgl. Weinh. Bair. Gr. § 162), im
alem. tritt er ein vor *l* und in flexionssilben (vgl. Alem. Gr.
§ 197). Dagegen ist in westfälischen mundarten *r* vor dem
tief guttural gesprochenen *ch* fast tonlos; *furcht* lautet wie
fucht.

b) Linguale.

d für t. a) im anlaut. Das anlautende *d* der tgz. beweist lediglich für den schreiber:

firme : *dirme* (tirme) 2597; *fur* : *dur* (vor : tor) 1294; *ver-
raden* : *daden* 7; *not* : *dut* (tòt) 2998; *not* : *dot* 2601. 3310.
3288. 3927. 3087; *blut* : *dut* 2848. 2730. 2783; *dreit* : *bitter-
keit* 2669; *draden* : *unberaden* 2496; *druc* : *ungefuch* 1081;
wolde : *dulde* (tolde) 2927; *dal* : *sal* 2771. 3857; *drankis* : *ge-
dankis* 2143; *deil* : *heil* 2681; *dauwe* : *frauwe* 2267. 2402;
duchte : *mohte* (tohte) 1163. 46; *dreit* : *breit* 1125; *luc* : *druc*

1297; *sun : dun* 708; *dogint : iogint* 695; *dreit : wisheit* 108;
dot : erbut 436; *gebet : det* 14; *sluc : druc* 201; *dede : stede*
3110; *dat : missedat* 3205; *sich : dugetlich* 3349. 3496. 3988.
2945; *dugentlich : sich* 3591; *stat : rat* 3925; *geduldekeit : dreit*
2523; *gezuge : drige* (trüege) 3712; *dot : erbot* 274; *duch : buch*
3322; *magit : dagit* 1858; *mag : dag* 369; *ungefuge : druge*
1240. 776. 1174; *druc : ungefuc* 1168. 1386; *zirde : dire*
(ziere : tiere) 3908; *dure : sture* 2872.

b) Im inlaut. Dem schreiber gehören von inlautendem
d folgende reime:
fersaget : bedaget 2764; *lip : firdrip* 3096. 1522 (leit-
firdrip); *geheilit : ferdeilit* 1071; *heilin : firdelin* 349; *magit
bedagit* 2017; *kluc : gedruc* 3952; . *gode : bode* 3448. 3173;
gudir : mudir 1309; *hude : gude* 691. 1991. 2069; *gesturet : firduret* (vertiuret) 629; *stan : gedan* 198; *gude : mude* 3624;
hude : mude 82; *muder : guder* 1956; *rude : blude* 1569; *stet
: gedet* 1791.

Erlaubt sind auch im mhd. folgende nach liquiden gesetzte *d* für *t*:
alden : walden 2471; *behalden : firschalden* 3125; *zierde
: fierde* 3900; *herzeleit : drefaldekeit* 2832; *inthilden : intspilden*
2557; *sulde : wolde* 3029; *behilde : verschilde* 429.

Für den dichter beweisen folgende inlautende *d*: *genode : dode* (genôte : tôde) 2705. 3404; *gebenediden : tiden*
(gebenedîten*) : lîden) 1366; *erbeiden : leiden* (erbeiten : leiden)
3341; *ziden : liden* (zîten : lîden) 316; *zide : nide* (zîte : nîde) 311.

Von den oberdeutschen mundarten zeigt das bair. die
stärkste neigung, inlautendes *t* in *d* zu verschieben (vgl. Weinh.
Bair. Gr. § 141. 146). Folgende von Weinh. angeführten reime
bieten analogieen zu den reimen der tgz.: *lidet : bîdet* Dietr.
Fl. 1143; *strîdes : nîdes* Tund. 45, 75.

d für t zeigen die md. quellen, in beschränktem masse
Herb. und Herm. v. Fr., am ausgedehntesten Elis. und Mar.
himmelf. Im allgemeinen ist der satz aufzustellen: je weniger
die verschiebung der media zur tenuis durchgedrungen ist, um
so näher steht die mundart dem niederdeutschen.

---

*) gebenedît für gebenedîet Frauenl. 389, 10. 13.

34

Verderbt sind: *zwolfbodin* : *daden* 2460 (vgl. unter „Metrisches“); *leit* : *sussekeide* (l. sussekeit) 3167; *bereit* : *selikeide* (l. selikeit) 1258.

Gemination des d hat stattgefunden in: *lidde* : *mide* 1175 [d. i. lite: mite] (vgl. liede 489; lide 321); *bidden* 257. 344; *lidde* und *bidden* weisen für den schreiber ebenfalls auf eine md. mundart.

t. (Ueber die abstossung des *t* in der 2. p. sing. praet. s. unter „Formenlehre“.) Im praet. von *haben* hat der schreiber zuweilen das *t* verdoppelt so: *hettest* 437; *hette* 697; *hatte* 62. 739; *hatt* 520.

c) Labiale.

Der schreiber hat in der regel *f für v,* welches letztere selten vorkommt, gesetzt; zuweilen hat er *f* verdoppelt, so in *offerstende* 3471. 3808. 3787.. 3833; *ruffet* 541; *ruffe* 458; *diffe* 79.

w ist ausgestossen in: *ungetruen* : *verspuen* (ungetriuwen : verspiuwen) 445; *ungetruer* 125. Bildungen wie *ungetruer* zeigt namentlich das Passional z. b. *getrûlichen* 180, 88; *getrûelich* 9, 73 u. s. w., vgl. auch *mûen* : *spûen* Pass. 297, 27.

p für ph ist nach mnd. und md. weise öfters vom schreiber gesetzt worden:
zwirsicht : *plicht* 132; *erhohit* : *inploit* (enpflœhet) 1485; *nicht* : *plicht* 1497. 3390. 3324. 28; *plicht* : *zufersicht* 3143. 2185; *angesichte* : *plichte* 3267. 1266; *plicht* : *angesicht* 3547. 3960; *plichte* : *gesichte* 1745. 2716; *plicht* : *gesicht* 2808; *mac* : *plac* (phlac) 583; *wege* : *plege* 3208. 1100; *lac* : *plac* 3287; *regen* : *plegen* 3819; *josep* 3288. 3318.

p für pf in: *ginc* : *inpinc* 17; *ginge* : *intpinge* 151; *schechere* : *scheppere* 1243; *were* : *sceppere* 425. 173; *scharpen* 1231. Ungewis ist *kamp* : *lamp* 2078:
do er gein sinis dodis kamp
aʒ mit in daʒ osterlamp.

Dem sinne nach muss *kamp* hier für *kampf* stehen: Im begriff seinem todeskampfe entgegen zu gehen, isst Chr. mit den jüngern das osterlamm. *kamp* ist md. und nd. (vgl. En. 85 c). Oder ist *kamp* = kamm? und der *kamm* wie netz,

angel, strick ein attribut des todes? Da die stelle nicht verderbt zu sein scheint, und die letzte deutung ein zu unge-
wöhnliches bild, grade im zusammenhange mit *gein*, voraus-
setzt, so werden wir annehmen müssen, dass sich der dichter
der, dem nd. sich nähernden, form *kamp* für *kampf* bedient
habe. Von oberd. mundarten zeigt nur das bair. ein *p* für *pf*
im an- und inlaute, nie im auslaute (vgl. Bair. Gr. § 123).
Möglich, dass der schreiber *kamp* für *klam* geschrieben, dann
würde also zu lesen sein:

> dô er gein sînes tôdes klam
> aʒ mit in daʒ ôsterlam

vgl. *lam*:*stam* Pass. K. 5, 58. Pass. H. 148, 59. WartburgK
ed, Simrock 72, 9; *in des tôdes klam vüeren* Müglin 93. Göt-
tinger hds. (ungedruckt). Müller mhd. wb. s. v. klam I, 842ᵇ.

d) Gutturale.

Zuweilen setzte der schreiber im auslaut *g* für *c*, so in
berg : *werg* 37; *mag* : *dag* 369.

g für h. *nachen* : *gefagen* (nâhen:gevâhen) 3441; *nahen*
: *sagen* (sâhen) 3571. Für den dichter von wichtigkeit sind
zwei reime: *gedriget* : *ferziget* (gedrîet : verzîhet) 539; *gefriget* : *ferziget* (gevrîget : verzîhet) 3276. Beide reime
sind mhd. unrein; *gedrîet* : *verzîet* und *gevrîet* : *verzîet* ergeben reinen reim; formen mit ausgefallenem *h* sind im bair.
nicht selten (vgl. Bair. Gr. § 194) z. b. *verîet, flûet, hôiste* in
den Vorauer ged. von Diemer; ausgedehnter ist der ausfall
von *h* im alem. (vgl. Al. Gr. § 234), z. b. *verzîen* : *geswîen*
Erec 1338; *wîen* : *amîen* Eracl. 2235. Der dichter also wandte
hier wahrscheinlich die genannten oberdeutschen formen an,
und der schreiber setzte dafür seine md. oder nd. form mit
eingeschobenem *g*, die er ausserdem noch anwendet in *gefriget*
: *gebenediget* 26, 41. 521; *g* für *j* braucht derselbe einmal in
geclagit : *gegagit* 3005. An folgenden stellen hat der schreiber
nach nd. weise *k* (c) für *ch* geschrieben: *sceppere* : *were* 424
(vgl. scheppere : were 173); *menschlich* 272. 338. 358; *screi*
478 (sceppere z. b. bei Wernh. v. Niederrh. 59, 24. 65, 25).
Die hds. der tgz. zeigt überall *vor t* und *s* ein *ch statt
des h*; diese verschärfung wird allgemein erst im 14. jh. Im

folgenden reim setzte der schreiber *ch für c im auslaut: druc
:ungefuch* 1052 und in *starch* 462; *druch* 3629; *mach* 1335.
Diese schreibart erinnert an Karlm., wo im auslaute überall
für die tenuis *k* die aspirata *ch* steht.

Ueber ausfall des *h* in *forte* (forhte) : *orte* 31845 unter r.
Widerum an Karlm. erinnert die ausstossung des *h* in *inploit*
(enpflœhet) 1485; *almetic* (almehtic) 1309; *sesten* (sehsten) 3916
(vgl. Bartsch: Ueber Karlm. p. 243).

Zum gebrauche von *s, ss, z, ʒ, sz, tz.*

s für z, ʒ. geniesen : fliesen 1247. 903; *fus : haʒ* 2306;
fliesen : firdriesen 990 ; *fas : gemas* 2455 ; *glissen : disen* (dieʒen)
1552; *firwasin : lasin* 770; *faʒ : has* 136; *genuset : fluset* 4044;
fliese : geniese 3412; *geniesen : intfliesen* 2777; *geniesen : spisen*
144; *giesen : fliesen* 4042; *fliesen : intstiessen* 3031; *masen
: strasen* 3352; *masen : gelasen* 3686; *strasen : lasen* 3825;
unmesic : sic 787; *erlase* 21; *grose* 39; *groser* 27.

ʒ, z für s. *huʒ : iacobus* 3722; *waʒ : genaʒ* (was : genas)
2618. 3959. 2805; *genas : waʒ* (was) 3223; *gelaʒ* 2823 (vgl.
gelas 2490).

Einige male reimt der dichter *s : ʒ im auslaute:*
groʒ : mechteloʒ (mehtelôs) 2582; *waʒ : daʒ* (was) 2891.
2556 (Gr. Gr. I², 414 führt mehrere solche reime aus Parz.
u. Flore auf).

ss für s. verlisse : verkisse (verliese : verkiese) 513. Dies
ss für *s* findet sich nach Weinh. im bair. nach dem 13. jh.
sehr häufig (vgl. Bair. Gr. 156), hat indessen wol kaum irgend
welche lautliche bedeutung.

ss für sch. gemisset 155 (vgl. Elis 4318; *gelessit* 2300.

ss für z, ʒ. fliessen : geniesen 1247. 903; *fussen : uns-
sussen* 1616; *fliessen : disen* (dieʒen) 1552; *flisse : firwisse* 1363;
fliesen : intstiesen 3031; *susse : fusse* 3558; *usserwilte* (ûʒer-
welt) 2821; *usserkorn* 954.

ss für ʒʒ. essin : fermessin 3678; *hasses : fasses* 2125.

sʒ für ʒ. fusʒe : susʒe 3025. 2887.

tz für z, ʒ. gotz : schoz (gôʒ - schôʒ) 3133; *glantz : ganz*
1378; *gantz* 1381; *wedersatz : irbeschatz* 3003.

Diese ungenauigkeiten entspringen sämtlich der unkenntnis

des schreibers und haben, mit ausnahme der angeführten reime
s : *z*, für den dichter durchaus keine bedeutung. Von andern in der übersicht der laute nicht erwähnten
orthographischen abweichungen ist öfteres *ck für k*, namentlich
nach *n* und *r*, *y* und *ü für i* zu bemerken.

Zu formenlehre und syntax.

Declination. Nach md. art hat der schreiber durch-
gängig die flexionsform *iu* im fem. und neutr. in *e* verwandelt
(vgl. Grimm zu Ath. 361). Beweisende reime für den dichter
finden sich nicht. Apocope des *e* im dat. der starken decl.
findet sich in der hds. zu verschiedenen malen, doch lässt sich
für den dichter hieraus kein schluss gewinnen.

> 237 . . . man horete nit
> ein ungeduldich wortelin
> in allen dines herzen pin

Dass hier *pin* dat. plur. für *pinen* sei, ist nicht denkbar;
es ist wol zu lesen: *in allem dinem herzepin*. cf. osterspiel,
Wackn. LB. 2 a. 1839 . 1029, 3 . *owê wie grôz ist unser
herzepin*. Virginal 562, 11. *kumber unde herzepin* (: mîn).
219. *in dime herze reine*. Dieser dat. in der Kl. 151.
Nib. 135, 3 und im Trist. vgl. Gr. Gr. I², 685. 1863 *ich bit
dich hoher pris beiac*; *pris* ist ein anscheinend unflectirter gen.
Heranzuziehen ist Parz. 434, 30 *priss bejac* und: *im wirt
ouch prîs bejac*. Frauenlob, 438, 8. So wird auch hier zu
schreiben sein. 3068 *mit grozer iamer strange*. Hier ein
st. f. *jâmer* anzunehmen (vgl. Ettmüller zu Hadlaub 56, 1, 7)
wäre gegen den sprachgebrauch der tgz., die *jâmer* stets als
masc. gebrauchen, z. b. *den jamer din* 3426; *durch den jamer*
3161; es ist demnach *grôzem* zu lesen. 1743 *manche bludis
bach* : *ungemach*. *bach* als fem. ist vorzüglich md. (Liv. K.
Elis. Pass. K.). In unserer stelle wird *manchen* zu bessern
sein. Das wort findet sich noch 1745:

> da des bludis beche groz
> frauwe maget uf dich floz
> 1. dâ der bach des bluotes grôz
> oder: dô des bluotes bechlîn grôz.

Willen ist zweimal anscheinend als plur. gebraucht:

25. erfullen nu den willen din
mit willen din und mit den min,
20. mag iz mit dinen willen sin.

willen steht als plur. Hpts. ztschr. 490 in der Frauenehre des Stricker:

440. und aller guoten willen vluht
die willen die sint alle dâ
unwillen die sint anderswâ.

Da in unserer stelle der plur. durch eine verbalform nicht gedeckt ist, wird sing. anzunehmen sein; mîn ist dann unflectiertes pron. poss. (vgl. Wbch. II, 174ᵃ.)

Conjugation. Die 2. pers. sing. praet. der schwachen verba zeigt in der hds. eine dreifache flexion: 1) die regelmässige in *est* z. b. *du woldest* 1597, 2) die der starken verba in *e*; im reime zeigt sich diese form viermal: 1950 *du meinte* : *der fereinte*; 2812 *du erkente : in oriente*; 2427 *du neigete* : *du bezeugete*; 3828 *du zeugete : du eugete* (l. neigete). Beweisend ist nur 1950 und 2812. 2427 und 3828 können nachlässigkeit oder unwissenheit des schreibers sein.

1949. die meinunge dar uf sint
bedudit daz du meinte
der muder sich fereinte
zu dir . . .

Die stelle ist leicht verderbt: 1951 l. sich muder der fereinte.

2812. o rose in oriente
des herze du erkente
gein dir an druwen feste.

Hier ist *du erkente* durch *oriente* gedeckt. (Lexer (I, 1548) belegt *hente* (3 p.): *zespente* aus Elis.) Der dichter hat also hier zwei unzweifelhaft md. formen gebraucht, für die fast sämmtliche md. quellen analogieen bieten. Einen einzigen analogen reim führt Weinh. aus dem Stricker an: *gegerte:gewerte* (du) Karl 9228 (Bair. Gr. § 314). Ausserhalb des reimes begegnen folgende formen: *du kniwete* 37; *du kerte* 1198; *du sagete* 1361; *du keufte* 1465; *du meinte* 1964. 2148; *du mochte* 2051. 2061; *du drencte* 2165; *du ferleukende*

3185; *du netzte* 3237; *du druckente* 3240; *du bewiste* 3794; *du mechte* (mahtest) 209 (vgl. mechte ~~Hie~~. 6350). Besonders zu erwähnen ist: *du wolde*. Dasselbe steht im reime einmal an verderbter stelle.

>   176. unser schuld ein obirgulde
>   da dem verreder wolde
>   zu kusse bieden dinen munt.

(vgl. unter *u*). Der oben angegebenen conjectur steht freilich entgegen, dass in den vor- und nachfolgenden versen von Christus stets in der 2. pers. gesprochen wird. In der zeile steht *du wolde* öfter, so: 164, 241, 342, 708, 3394, 3824. Zu bemerken ist vom stamme *wil* noch: *wir willen* 1009; *daʒ er wille* 1220 (vgl. hierzu Bartsch über Karlm. p. 201).

3) Neben den behandelten formen der 2. p. s. praet. steht für 2. p. sing. praes. und praet. eine dritte in *s*, doch nie im reime, daher für den dichter ohne wert; z. b. *du geruchis* 87; *lides* 343; *suldis* 621; *weres* 649; *woldis* 762; *weris* 1037; *erlostes* 1177; *wares* 1749; *keris* 1751; *fochtes* 1787; *hores* 1811; *lases* 2160. 3210; *sunes* 2211; *erhoris* 2264; *stirkis* 2312; *mustes* 3066; *wolles* 3115 (vgl. Bartsch, der dichter der Erlös. Germ. VII, 8). An zwei stellen ist im reime statt dieser form in *es*, die regelmässige fälschlich gesetzt worden.

>   1325. . . . . daz du . . .
>   bi mir in noden blibist
>   den tempel mines libis
>   hast erzogen.
>   1685. von swerde sinis lihis
>   daz du in din herze schribist.

Hier verlangt der reim *libes : blibes : schribes*. Für des dichters mundart beweisend ist der reim nicht, denn die 2. pers. s. praet. in *s* findet sich im oberd. (vgl. Weinh. Al. Gr. § 340. Gr. Gr. I², 932) sowol als im md. (vgl. Grimm zu Ath. p. 17, 4 und Bartsch über Karlm. p. 246).

Sehr häufig lautet die 1. pers. s. praes. nach md. weise in *n* aus, einmal im reime:

>   3231. sint ich dir wol getruwen
>   daz ich in sulchen ruwen . . .

Besser ist vielleicht zu lesen: ich getriuwe : in solher

riuwe . **Als** schreibfehler zu bessern ist wol die 3. pers.
s. praet. mit abgeworfenem *e*: *erkant*(e) : *brant*(e) 1545;
bracht(e): *bedacht*(e) 581.

Zuweilen begegnet die 2. pers. pl. in *nt*, doch nie im
reime; *ir hant* 752; *ir gint* (gienget) 1232. 40; *ir dadint*
1285; *nt* in der 2. p. pl. erscheint gleichmässig in oberd. und
md. quellen. Gr. Gr. I², 932 erklärt diese form für vorzüglich tiefschwäbisch und schweizerisch.

Ein der thüringischen mundart eigentümlicher inf. mit
apocopiertem *n* steht ᴊ45 in der zeile: *din* : *stose*(n.) und gehört dem schreiber an. Die bair. form *machte* (mohte), die im
reime *fermochte* : *bedachte* 2658 herauszustellen ist, wurde
schon unter *o* erwähnt.

Von einzelheiten ist bemerkenswert die bair. form *erschotte*
2550 (vgl. H. Georg 33ᵇ) und 3219 das mnd. *lachte* für *legte*.
Für *swaʒ, swie, swer* hat der schreiber stets *waʒ, wie, wer*
gesetzt, eine abweichung, die in den hdss. des 15. jhs.
regel ist.

Die praep. *gein* ist zweimal mit dem accus. verbunden:
2. *Ginge gein dodis pin*: *din*; ersteres könnte auch apocopierter
dativ sein *pin*(e); 2078. *Gein sines dodis kamp* : *lamp* (acc.);
über *kamp* s. oben, vgl. Parz. 452, 13. Wack. leseb. 246, 11
(gegen got.) Regel ist der dat. 152 *gein in*; 720. 259 *gein
dime kinde*; 1311. 496 *gein dir*; 507. *gein dem kinde din*;
1266. *gein dodis plichte*; 1268. *gein ir*; 1451. *gein dem*; 2100
gein cristo; 43. *gein dem fader din.* — 1529. ist *intwichen*
mit dem acc. construiert:

> daz dir die glieder dannen
> musten alle intwichen
> ir stat besunderlichen
> (l. von ir stât besunderlîchen.)

Ebenso sind durch die nachlässigkeit des schreibers falsche
constructionen entstanden:

> 2143. ein swam mit bittern drankis
> des dorstis des gedankis
> lobe ich dich . . .

(l. etwa: 2140. ich mane dich daʒ gevüllet wart

. . . .

mit eʒʒige und mit galle
ein swam . des bittern trankes
des durstes, des gedankes
2145. lob ich dich, vürste reine . . .)
2163. daz du den horte dorsten clagen
(l. durstes; vgl. Wbch. I, 833ª.)
319 steht: 'von dem der megetlich von dir becleip.' Eine
analogie zu becleip *von* kann ich nur finden; Parz. 489, 11.
ist *an dir* zu bessern? etwa:

von dem, der an dir bekleip,
den grôʒe minne zuo dir treip.

Der schreiber hat *zer, zem, zeiner* u. s. w. nicht mehr
gekannt und diese ausdrücke stets aufgelöst, z. b.
647. die dir geschach zu der stunde
1829. do er sich zu einer megede barc.

Wortschatz.

artztîe: frie 2189 für *arzatîe* (arztîe A. Hein. 946.)
bit für *mit* 520. 1802. 1531. 1803 ist md. gebrauch.
bis (biʒ) für *unze* 13. 254. 1736 u. s. w.; *unze* erscheint
in den tgz. nicht.
bizechen (bîzeichen) 1872 = symbol.
dal: sal 3852; *tal* als bezeichnung für *hölle* (vgl. Walth.
123, 39). Die stelle ist verderbt:
3852. Daz mir beslossen si der dal
den erbrach und mir der sal
des lebens ewiclichen si
geoffnet . . .
l. . . . sî daʒ dal
daʒ du erbræche und mir der sal)
dal als masc. in md. quellen (vgl. Wbch. III, 11a).
firdarfte (verdarpte) = hinrichtete 1393.
der flecke waʒ kafarie (l. calvariê) . . .
daz man die da gemeine

firdarfte bi den iaren
die dodis schuldich waren.
(vgl. *got verdarpte die stat mit fiure.* Griesh. pred. 2, 40).
gedeilze 767. ich man dich daz pilatus gap
cin gedeilze den iuden gram
gedeilze = geteilteʒ = wahl (s. Germ. X, 397).
intspilden: *inthilden* 2558; die steine ... *intspilden.* Ein
verbum *entspalten* kann ich nicht belegen. Wahrscheinlich
hat sich der schreiber durch das *inthilden* der folgenden zeile
täuschen lassen; zu lesen ist *zerspielten* (vgl. Pf. Germania
VII, 355).
karn: *barn* 1843:
daz ich ruwen, sufzin, karn
moge han um mine missedat
karn im Karlm. 68, 15. 96, 8. Servat. 245.
crisemedauf 3992. ... der dac
an dem er criṣeme dauf intphinc.
Das *krësem, krisem* ist die letzte ölung, im gegensatze
zur taufe, z. b. Helbl. 3, 172. sam mir toufe und chresem;
die Chrisamtauf die erste taufhandlung nach der am oster-
samstag vorgenommenen taufweihe (weihe des salböls). Schmeller
BW. ed. Frommann I, 1382.
clegede: *megede* 951 ist selten (vgl. MSH. II, 207ᵇ) und:
si klagent michel klegede: *megede* Virgin. 535, 10; ähnlich:
gejegde: *megde*: *getregde* Konr. v. Würzb. MSH. II, 353ᵇ;
megede: *gejegede* Konr. v. Würzb. Schm. 255).
mahel 3137. zu mahel eme gefriget
(vgl. gold. schm. 1904:
dîn sêle wart gemehelet
dem ûʒerwelten kriste.)
vielleicht: zuo gamahele ime gevrîet,
gelobet und gebenedîet ...
sinden: *erwinden* 2324 = reisen, gehen.
noch wil ich nit erwinden
laʒ mich uf gnade sinden
aller gabe ein richer wirt
(vgl. Altd. Wäld. 3, 193, 12. dar begonde ich sinden : vinden).
westerkleide: *scheide* 703:

zu meinem westerkleide
e ich von hinnen scheide
wësterkleit gewöhnlich *wëster* oder *wësterhemede* das tauf-
kleid; das comp. mit *kleit* kann ich nicht belegen.
winrauch 3978 für das sonst gebräuchliche *wîhrouch,*
wîrouch, wierouch (s. Wbch. II, 746ᵇ).
zoschin für *zwischen* ist md. (vgl. Elis. zuschen 2900.
715 u. s. w.).
in der sunden fach : swach 2156. *vach = falle* vgl.
tôdes vach. Tit. 2014.

Ergebnisse.

Weder das behandelte gedicht noch das demselben folgende gebet geben einen directen aufschluss über die person
des dichters. Zwei stellen deuten in unbestimmter weise auf
den verfasser hin. Die tertie beginnt mit den worten:
1107. wer ich von richer liste
der kunst ein recht iuriste
wer ich mit sinne rich behaft
zu dichten uff meisterschafft
hette ich von gode die firnunft
zu dichten aller meister kunst
der kunst wer aller mir zu clein
sulde ich mit puren worten rein
dichten und finden bar
die martel und die pin gar.
Am schlusse der dichtung bittet der verf., bevor er den
segen der dreifaltigkeit für leser und hörer seines werkes
herabfleht, nach üblicher weise für sich in den worten:
4054. ich bit dich reine drefaldekeit
ein got gezugit in im cleit
daz du der gnaden gunnest mir
daz dem der sines herzen gir
an diz gedichte hat gewant
din riche helfe werde erkant.
Von den beiden angeführten stellen berechtigt keine zu
einem schlusse auf die persönlichkeit des dichters. Mög-

lich ist, dass die verloren gegangenen blätter andeutungen
über den verfasser und sein werk, vielleicht in der damals be-
liebten form eines akrostichons enthielten.

Der dichter der tagezeiten war aller wahrscheinlichkeit
nach ein klostergeistlicher. Dafür spricht: die einteilung der
dichtung nach den klosterzeiten; die mystische, halb gebet-,
halb betrachtungweise durchgeführte behandlung des leidens,
sterbens und der auferstehung Christi sowie die vorliebe, mit
welcher der dichter bei dem mysterium der dreifaltigkeit, dem
er den letzten abschnitt seines werkes widmet, verweilt. Für
diese annahme scheinen noch zwei stellen zu sprechen (2749—
2781. 4002—4009), in denen der verf. bei der betrachtung des
abendmahls besonders auf die begünstigte stellung des priesters,
der wein und brot geniessen darf, gewicht legt. Dass der
verf. eine gelehrte bildung besass, zeigen die hinweisungen auf
die kirchenväter sowie die folgenden von ihm gebrauchten
fremdworte, die zum teil von dem schreiber, der sie nicht ver-
stand, verderbt worden sind:

Christus ruft: „*sitio!*" 2138 (vgl. Marner MSH. II, 256, 36.

Dar nach dô rief er: „*sitio!*" Conr. v. Würz. MS. III, 338, 12:

Dô er rief an dem kriuze: „*sitio!*" — und:

consumatum est! 2429; *adamas* 360; *baptista* 2433. Verderbt
ist wol *cancer* 2545.

des hiemelz *cancer* der leit not
umme strenge sines schepfers dot.

Kaum denkbar ist eine solche personification des krebses als
sternbild; vielleicht: des himels zenter? (centrum) cf. der
Kanzeler MSHgn. 2, 390. 10. 11.

also: des himels zenter daz leit nôt
um sînes schepfers strengen tôt.

cf. die cristenheit
erlôste sin vil strenger tôt. Barl. 5, 38.

Auf den himmel beziehen sich noch folgende astronomische
ausdrücke: *firmamentum* 1637. 3893; *orizunteu* 2533; *plauster*
(ursa major) und *cometen* 2524. (*Plaustrum* ging aus den
metamorphosen des Ovid 10, 447 vielleicht in die bearbeitung
des Albr. v. Halb. über, aus dem unser dichter das wort ent-
lehnte); *zodiacus der sunnen reif* 2511. Dergleichen astrono-

mische spielereien finden wir nicht selten bei den spruch-
dichtern des 13. jhs. So in einigen strophen des Kanzlers MS.
II, 388, 1: *zenter, parabellen, orienten, zodiakus,* und im
Frauenlob 262, 5: *spaeren, planêten, tabulêten, artêten;*
kunterfeit 2086 (vgl. ân argen cunterfeit Kanzler MS. II, 398,
12); *crucifige* 1064; *philosophi* 2130; *substancie* 834. 3877
(vgl. Frauenlob MS. II, 351, 4: drî forme an einer substancîe);
trinitas heilic sabaot 2290 (vgl. Barl. 1: Alphâ et Ô künc
sabaôt; Reinmar v. Zw. (MS. II, 216, 20 Alphâ et Ô genennet
vil rîcher künic sabaôt; Frauenlob MS. III, 111, 4 heilic sabaôt
22: sabaôt); *Zietter von Lieban* 2273 (vgl. Gold. schm. 184):
sam der cêder in Libân.; Konr. v. W. MS. II, 334, 21: *sam
des cêderboumes tolde;* vgl. dazu tgz. 2927 *ein bluvende dulde*
(tolde).

Der verf. kannte, wie schon hieraus ersichtlich ist, die
dichtung des 13. jhs. Mag der autor der tagezeiten ein be-
lesener theologe gewesen sein, ein bedeutender dichter war er
jedenfalls nicht. Dies beweist zur genüge der oft unbehilf-
liche ausdruck, dem das gewand des verses schlecht ansteht,
das offenbare suchen nach dem reime, das nur da, wo der
dichter an bekannte oder formelhaft gewordene ausdrücke der
geistlichen poesie sich anlehnt, weniger merkbar ist.

Der dichter zeigt besondere vorliebe dafür, eine reihe
aufeinanderfolgender verse mit demselben worte beginnen zu
lassen, so: 1249—1254 mit: wo nû,

    1408—1473 „ unlîdelich, unbekant u. s. w.
    1918—1935 „ mit.
    2123—2131 „ ô!
    2181—2189 „ vor.
    3425—3433 „ durch.

Er folgt hierin der lyrik des 13. jhs. Reinm. v. Zw. z. b.
lässt MS. II, 219, 234 eine reihe zeilen mit *gelopt sî,* eine
andere mit *lop sî dir* anheben; Frauenlob MS. II, 343, 3, wie
unser gedicht häufig, mit *ich man dich.*

Die verse 1689—1696:

    o du wonderlicher lon
1690. ob allem wonderer wonder schon
    ein wonderlichez wonder waz

daz din dochter din magit genaz
o du wondererin starcke
Maria godis arke
1695. der alle wonder machte groz
in dime libe sich besloz
sind offenbar den folgenden des Reinm. v. Zw. nachgebildet
(s. MS. II, 219, 233):

got aller wunder wunder ê
gewundert hât mit wunder wunder unde
wunder mê
danne ieman mac volsprechen; dannoch
hât er wunders mê getân
den selben wunderære grôz
aller wunder wunder ie mit wunder
ümbe slôz
den hête wunderlich ein meit in ir; da
merket wunder an
daz was ein wunder an dem wunderære,
wie er mit wunder in der meide wære;
dennoch sô was der wunder mêre,
daz er mit wunder in ir was
unt sîn mit wunder meit genas:
der wunder (grôz) danket wunderlich im sêre.

Sehr verbreitet sind zusammenstellungen wie folgende:

107. owe fader aller wisheit
waz wasser und erde dreit
fur loft centrum und daz fret

110. *waz flugit flusit odir geit*
des bistu gar besunder
ein schepper oben und under.

1603. dem alles dienet daz da lebit
waz klimmit, swimmit oder swebit
daz fluhet flusit odir geit
waz in der zirkel mase steit u. s. w.

1316. owe von dem iz allis lebit
waz klimmet swimmet oder swebit —

(vgl. Marner MS. II, 246, 17:)

swaʒ vliuʒet, vliuget, swimmet, kriuchet,
stêt, gêt oder krist.

Konr. v. Würz. MS. III, 337, 3:

swaʒ ûf erden gît, swebet oder kriset.

Vorzüglich reich sind die tgz. an symbolischen ausdrücken, bildern und gleichnissen für die mutter gottes, Christus
und die dreifaltigkeit. Diese bilder und gleichnisse sind so
wenig erfindung des dichters als die in der gold. schmiede
erfindungen Konrads. Es sind typen, die wir in jedem der
minnesänger und spruchdichter des 13. jhs., die das lob der
jungfräulichen mutter gottes sangen, finden und fast ohne ausnahme übersetzungen formelhafter ausdrücke der lateinischen
kirchendichtung. Eine vergleichende zusammenstellung derselben hat W. Grimm in der einleitung zur goldnen schmiede
gegeben. Wir finden ein gut teil derselben in der folgenden
zusammenstellung der Mariennamen wider:

52. o muder maget here — 213. o aller kusche ein
ummefach — 229. o sunder trost, der gnaden flut — 313.
o muder aller mildekeit zufloz aller wirdekeit — 359. o aller
kusche ein spigelglas der dugent rich ein adamas — 455.
o uberfloz der sunden gunst — 505. o maget alles wandelz
fri — 515. minnen flamme, gudis muder und sin amme —
573. o koneginne der eren haft — 576. Maria lichter morgen-
rot — 585. licht des dages schin — 605. aller sunder flucht
— 714. Maria reiner herzen gir — 779. o aller megede wunne
— 811. dugent ein foller schrin — 949. usserwiltes muscadis
ris und aller engel paradis — 960. Maria blummdir (l. bluomen)
bernder hac — 1075. ein obirflussic bronne aller unser selikeit — 1088. ... sunder galle Maria durtil dube clare —
1094. muder der driueldekeit — 1269. Maria der propheten
rum, der kusche ein wolgestallte blum — 1295. o alles wandelz ane, Maria foller mane, o du godis sundir drut Maria stille
und überlut, o aller freude ein angir — 1422. maget crone
ober alle wip — 1425. spigel aller schame — 1410. muder
aller truwe — 1440. Maria hochgelopter stam — 1513.
o maget des hiemelz, porte — 1517. frauwe der merteler gnoz
2539. o hoher lon fon seraphin, aller sunder ein gewin —
1569. o edel frucht arones rude die in dem tempel blude —

1579. Salomonis tron Maria aller megde cron — 1693. o du wondererin starcke Maria godis arke — 1703. o spigel forme reine gestalt — 1834. kaiserinne edel sunnerinne — 1863. hohir pris beiac — 1972. magit aller frauwen hort — 2002. o magit lichte karfunkil schin aller herzen dunkil lichter sunnen schin — 2012. o edilre (l. o edel busch) busch den moyses sach furic. — 2079. des trostes rich ein orhap — 2020. o muder der gerechtekeit — 2038. Maria frauwe gerumit ho — 2162. ein stedekeit der demut — 2267. ... in himel dauwe rose magit der engel frauwe — 2273. o du zietter in liban — 2281. des susze obirsusze wol (l. der) o riches faʒ der gnader (l. n) fol — 2585. o aller wonne ein spigel, o gimme for dem zigel, o muder der naturen, lust aller creaturen, o susses saf der richen blut, o worzel richer frochte gut, o susser ruch der kusche birt, o tempel sarc des hiemels wirt, o fruchte der erden crefte (l. grüfte), o cirde rich der lufte, o meien blut in loste — 2630. ... muder aller der die ferweisit sint — 2811. o rose in oriente — 2832. o tempel der drefaldekeit — 2874. Maria ein orkunde aller hohen selekeit —.

Der dichter der tgz. kannte, wie aus dem vorstehenden ersichtlich, Konrad v. Würzburg, Reinmar v. Zweter, den Kanzler, den Marner und wol auch Frauenlob, soweit wenigstens als sie geistliche dichter waren; er bewegt sich häufig in reminiscenzen dieser früheren lectüre. Dies und die metrischen unvollkommenheiten (s. oben) machen für die abfassungszeit der tagezeiten die erste hälfte des 14. jhs. wahrscheinlich. Keinesfalls wird die dichtung vor das jahr 1300 zu setzen sein.

Aus den ergebnissen der untersuchung über den lautbestand der hds. wird sich die heimat des verfassers, und damit die mundart der ursprünglichen dichtung annähernd bestimmen lassen. Für den dichter wurde folgendes herausgestellt:

schawen, schauwen : frauwen (a) = bair (?)
vermahte : bedâhte (o) = bair.
suon : dôn (ô) = bair.

frunt : *stunt* (u) = bair.

rouwen : *geblouwen* (û) = bair.

orte : *forte* (r) = bair.

gevrîet : *verzîet* (h) = bair.

erschotte = bair.

æ : *ê* (ê) = mitteld.

t : *d* im inlaute *d*.

gestirre : *irre* (r) = mitteld.

du erkente : *oriente* = md.

du meinte : *der fereinte* = md.

karn : *barn* (wortschatz) = md. (mnd.?)

Zweifelhaft, ob dem dichter, ob dem schreiber gehörig, blieb folgendes: *i* in flexionssilben.

diet : *schiet* : *niet* (î).

es als endung der 2. pers. sing.

nt „ „ „ „ „ plur.

Hieraus würde sich als des dichters wahrscheinliche heimat Baiern ergeben. Dem stehen jedoch die vorkommenden md. reime und formen entgegen, die dem dichter zugeschrieben werden mussten. Das erscheinen derselben lässt sich vielleicht (falls der schreiber nicht willkürliche umdichtungen vornahm, was bei dem mangel eines originals ihm nicht nachzuweisen ist) daraus erklären, dass der verfasser, der, wie oben gezeigt worden, wahrscheinlich ein klostergeistlicher war, lange zeit in mitteldeutschland zubrachte, vielleicht in einem mitteldeutschen landstriche lebte, wo bairischer einfluss bereits in die literatursprache eingedrungen war. Möglicherweise war es ein bairischer mönch, der in einem kloster Mitteldeutschlands lebte und dichtete; die mundart der alten und die der neuen heimat, die ihn umklang, stahl sich ihm, der kein kunstdichter war, hie und da in den reim. Der schreiber war, das zeigt der ganze sprachcharacter der hds., ein Mitteldeutscher. Seine mundart scheint am nächsten verwandt der des Herm. v. Fr., der Erlös., der Elis. und der Himmelf., also der hessischen. Ausser md. eigentümlichkeiten fanden wir bei dem schreiber einige, die ein rein niederdeutsches gepräge tragen, so: *mede* (mit), *erleden* (erliten), *burnen* (bronnen), *fro* (vruo), *we* (wie); die

4

50

durchgängige schreibart *fochte* (vorhte) wies auf Westphalen, *guit* auf den Niederrhein (Cleve); dahin auch *sceppere* und *screi* (schepfære; schrei). Des schreibers heimat haben wir vielleicht nahe der westphälischen grenze zu suchen, wo zwischen der mundart Hessens und dem niederdeutschen ein allmäliger übergang nach dem Rheine zu stattfindet (um die Eder?).

Textprobe.
Complête.

Merke, werder mensche guot,   (bl. 79)
wie dich vor der helle gluot
dîn schepfer hât gevrîet.
sîn helfe niht verzîet
dir; darumbe er sîn leben
willeclîch hât ûf gegeben,
3280. daȝ er dir sünder allen nît
bewîsete ze complêtzît,
dô sich der vürste wol getân
wolde durch dich begraben lân.
dâ mite hât er dich ernert
3285. dir der hellen grap erwert. —
Alsus der himelvürste lac.
Marîa herze jâmers pflac.
Jôseph huop ûf den vürsten tôt.
dô huop sich angest unde nôt
3290. dâ von den zwên besunder.
Jôhannes stalte wunder

. . . .

Marîa Jêsum umbe vienc
si sprach: 'der mir nie abegienc
den sol mir nieman genemen;
3295. wie mohte iu diu gewalt gezemen
daȝ ir den tôten nemet mir;
an dem ich mînes herzen gir
mohte lebendig niht begân,
an dem kriuze sol ich lân

3300. den alsô von mir tragen?
wie solte ich daʒ volklagen?'
Jôhannes der vil guote
der sprach mit senftem muote
zuo der ûʒerwelten sîn:
3305. 'frauwe und liebe muoter mîn,
nû sihstû und erkennest wol,
daʒ eʒ niht anders wesen sol.
darumbe, frauwe muoter mîn,
stille dînes herzen pîn,
3310. wan âne dînes kindes tôt
muostû immer haben not.'
'Gemeine menschlîcheʒ künne,
Ach, trôst und al mîn wünne,
sol ich mich von dir scheiden?'   bl. 80.
3315. In disen jâmers leiden
wart er getragen bî daʒ grab;
Marîa wolde niht dan ab.
Jôseph der vil getriuwe,
der lahte in in ein niuwe
3320. grap in einen einegen stein.
alrêst Marîen nôt erschein.
Er want in in ein sîden tuoch
mit rîchen borten, seit daʒ buoch.
si wolde von dem grabe niht;
3325. Jôhannes iǹ der jâmers pfliht
begreif si under armen.
si sprach: 'lâʒ dich erbarmen
Jôhannes, sun vil guoter,
daʒ er mich dir ze muoter
3330. gap und dich mir ze kinde
dô in der tôt brach swinde.
Der triuwen lâʒ genieʒen mich,
vil liebeʒ kint, daʒ bit ich dich,
und hilf mir, daʒ ein ende habe
3335. mîne nôt, daʒ man mich begrabe.
. erzeige kindes triuwe mir,
sint daʒ sô wol getrûte dir

4*

mîn kint, und lâჳ mich blîben hie.
eჳ enwart sô grôჳer jâmer nie;
3340. sol ich in disen leiden
mîns endes hie niht beiten?'
Mit riuwen grôჳ den sic gewan
Jôhannes, daჳ er vuorte dan
mit gewalt die reine maget
3345. in tôdes varwe gar verzaget
ane sinne unde kranc.
zuo dem grabe al ir gedanc
stnont allჳ wider hinder sich.
sus wart diu maget tugentlich
3350. gevuoret wider in die stat.
Jôhannes si vil dicke bat,
sich ir jâmers mâჳen.
die frauwen an der strâჳen
gemeine ir jâmer ruorte.
3355. dô man die reine vuorte
den frauwen jâmer wart bekant. bl. 81.
dô si bluotec ir gewant
sâhen, dô huop sich jâmers schal
in der gaჳჳen über al
3360. und ein vil heiჳeჳ weinen.
kein herze was sô steinen
eჳ enwurde dô enzunt
jâmer riuwe im gekunt.
Si klageten alle den gewalt,
3365. der sô vreislîche gestalt
was an der reinen frauwen.
man mohte jâmer schauwen
dâ an der werlte gemeine.
Jôhannes der vil reine
3370. vuorte dô die maget fîn
in daჳ hûs der muoter sîn.
dô waren zwô ir swester dâ
und Marîa Magdalenâ.
die trôsten si dâ widerstrît
3375. darzuo Jôhannes al die zît.

Al ir trôsten daz half kleine.
si weinete, klagete diu vil reine,
si weinete stille und offenbâr.
diu prophêtîe muoste wâr
3380. werden, diu gesprochen was,
die dô sprach Jeremîas
mit wîser rede wol bedaht:
'si weinet heiz tac unde naht
die trehene an ir wangen.'
3385. Marîa, deist ergangen
an dir mit ganzer wârheit.
dîn nôt und ouch dîn arbeit
was græzer dan si ieman kan
gesinnen. swaz ie sin gewan,
3390. daz kunde gar besinnen niht
die nôt und ouch die jâmers pfliht.

Ich bit dich, herre, durch die zît
und mane dich, daz dû den strît
gevohten hâst und wol gesiget
3395. sô daz mîn vîent nider siget.
nû mane ich dich und bite dich,
durch daz dû woldest willeclich
dich lâzen legen in ein grab,
durch daz dû mir næmest ab
3400. den vluoch und ouch die âhte,
diu mich ze valle brâhte
von êrste her von Êven schulde
und wider mich ze hulde
hâst brâht ze dîme tôde,
3405. und dû dich vil genôte
vliegen lieze in einen stein,
daran dîn grôze milte schein.
Ich bit dich hîmelvürste stare
durch daz dû lieze in den sarc
3410. dich legen tôt niht dan durch mich,
daz dû der sinne stiurest mich.
dîn milte zuo mir vlieze,

bl. 82.

dîns grabes ich genieʒe,
der pîne dîn gemeine,
3415. daʒ ich von sünden reine
sî, wan der lîp ein ende habe
und ich bevolhen bin dem grabe,
dâ der lîp gemeine
die würme gar unreine
3420. spîset; daʒ diu sêle mîn
genieʒe des begrabens dîn,
daʒ si in dîme geleite vare
vrœlich in der engel schare.

Ich bit dich, muotermaget guot,
3425. durch daʒ herze ungemuot,
durch riuwen und den jâmer dîn,
durch smerzen grôʒ, durch dîne pîn,
durch dîne gedenke swêre,
durch dîn herze vreudelêre,
3430. durch dîn bitterlîcheʒ leit,
durch dînes lîbes krancheit,
durch daʒ bitter scheiden,
daʒ dû in jâmers leiden
schiede, dôr in ungehabe
3435. dich maget vuorte von dem grabe.
in leide grôʒ unmâʒen.
dâ hinder muostest lâʒen
den, der dich noch nie gelieʒ,
dich, reine maget, muoter hieʒ,
3440. sich zuo dir wolde nâhen,   bl. 83.
den doch nie gevâhen
die himel dort enkunden.
der bitterlîchen stunden
mane ich dich und bite dich,
3445. daʒ dû, frauwe, getriuwelich
ûf den tac des endes mîn
bî mir, maget, wellest sîn.

Hilf mir ouch gein gote,
êwangeliste zwelfbote,
3450. durch da₃ betrüebete herze dîn
umb dîner lieben muoter pîn;
sint si von dir getrœstet wart.
Jôhannes, edele juncfrau zart,
lâ₃ mir helfe trôst geschehen,
3455. da₃ ich dîn stiure müge spehen
durch iuwer lîden beidersît,
da₃ ir von complêten zît
hâtet bi₃ an den dritten tac,
an dem iurs herzen vreude lac.

Nach massgabe der sinnesabschnitte und des vor den vv. 3286.
3292. 3332. 3342. 3408. 3424. 3448 sich in der hs. findenden § zeichens
ist die complete in strophen zerlegt, die mit einem umfang von 12,
10, 10, 10. 10, 10, 10, 24, 12, 16, 16, 16, 24, 12 versen auf einander
folgen, wobei vorausgesetzt wird, dass zu schluss der zweiten strophe
4, und innerhalb der achten 2 verse ausgefallen sind.
In der handschrift steht v. 3274 mirke 76 schepper hat gefriget
77 niet ferziget 78 dar um sir 79 of 81 zu complete
82 gedan 84 mede dich hat er ernirt 85 erwirt 86 hiemel
87 jamirs 88 Josep hop of — dot 89 angist und 91 wonder
92 umme 94 sal — nemen 95 uch 96 doden nemit 97 her-
zin 98 lebendich nit 99 cruze sal
3300 dragen 1 sulde — follenclagen 2 gude 3 senften mude
6 sistu 7 iz nit 8 dar umme 9 dinis 10 dinis kindis dot
11 ummer 13 drost und alle mine 14 sal 15 dissen 16 ge-
dragen — grap 17 nit — ap 18 Josep 22 duch 23 worten;
sit 28 son — guder 29. 30 zu 31 dot 33 des 36 erzeuge
kindis truge 37 getruwete 38 blîbin 39 ez enwart 40 sal
— disen 41 niet minis endis hie erbeiden 42 si gewan
46 dodis 48 alles wieder 49 su — magit dugetlich
3350 gefurit weder 52 sich eris — masen 53 strasen 54 gemein
57 bludic eir 59 gassen ober al 60 heisse 61 waz 62 iz
in worde da inzundeit 63 eme iamer ruwe gekundit 65
freislich 66 waz 71 muder 74 si *fehlt.* 76 alle — clein
77 die 78 offenbare 79 prophetien — ware 80 die 81 da
83 dac und 84 die drene an irin wangen 85 daz ist
87 auch 88 grosser 89 waz 91 ouch die *fehlt.* 93 mane
94 und *fehlt,* geseget 95 nedir segit 96 manen — bidden
97 woldest *fehlt.* 98 lasen wolde 99 nemist.

3400 auch 1 eve 3 weder — zu 4 zu mime dode 5 genode
6. 9 liese 10 dot nit 11 durc du 13 des grabes din geniese 17 befolin 19 worme 20 die 24 muder maget
31 dins 33 du *fehlt*, 34 schide 36 unmasen 47 hinder dir
muste 39 muder 40 nachen 41 noch nie gefagen 42
hiemel — in kunden 44 man — bidden 46 of den dac —
endis 47 wollest 48 auch — gode 49 zwolf bode 51
diener 53 Johannes iunckfrauwe edel zart (Joh. galt im
mittelalter als semper virgo) 54 drost 55 moge 57 com-
pleden 58 hatdent mit — dac 59 uwers. — Subscription:
hie hant die complede ein ende. —

VITA.

Natus sum Christianus Stephanus Waetzoldt anno h. s.
XXXXVIIII a. d. V. Non. Jun. Hennersdorfii in vico Silesiae
patre Gustavo Adolfo, quem adhuc vivere magnopere gaudeo,
matre Clementina e gente Scharfenberg, cujus ante hos decem
menses mors summo me dolore affecit. Fidem confiteor evan-
gelicam. Primis literarum elementis cum domi imbutus essem,
anno MDCCCLXV gymnasii Bunzlaviensis in classem secundam
receptus sum. Duobus post annis, cum parentes Vratislaviam
transmigrarent, hujus urbis gymnasii, quod Mariae Magdalenae
addictum est et rectore Schoenborneo florebat civis per
unum anni fui. Tum Berolinum, ubi pater ex hoc tempore
versatur, me contuli gymnasiumque Guilelmi regis rectore
Kueblerio frequentari. Maturitatis instructus testimonio anno
MDCCCLXIX almam universitatem Berolinensem adii, cujus
scholas per sex menses frequentavi. Tum Marburgum Cattorum
me contuli ibique in studia incubui, donec Francogallorum bello
exarso cum in Gallia tum ante Lutetias stipendia mererem.
Bello finito ad literas redii, et Berolini ter sex menses et Lu-
tetiis ubi collegium Francogallicum frequentavi, duodecem menses studiis philologicis operam navavi. Viri ill., quorum scholis
fructus sum, sunt: Lucae, Caesar, L. Schmidt, v. Norden, Muellenhoff, Harms, Zeller, Tobler, Watten-
bach, Hassel, Steinthal. Quibus viris cum omnibus gratias
maximas habeo, tum praecipue Herrigio, Lucae, Muellen-
hoffio, Wattenbachio, qui in seminaria et societates ab
iis directas benevoli me receperint, gratam memoriam usque
colo. —

SENTENTIAE.

I.

Mathurino Regniero satura, quae „*Contre le Maréchal d'Ancre*" inscribitur (Oeuvres de M. Régnier ... par E. de Barthélemy. Paris 1862. 8º pag. 224 sqq. falso attribuitur.

II.

Hartmannum de Aue Francum esse argumentis satis certis nondum demonstratum est.

III.

Otfridi l. I, 1. versus 7 sq. sic interpretor: *Magna cum diligentia omnia, obscura enim et implicata invenerant, elegantes dixerunt, ut ea tali modo enarrarent, ut libri ab iis non contemnerentur, qui* etc.

IV.

In gymnasiorum superioribus ordinibus *Anglicam* linguam discendi potestas praebenda est.

V.

Philologiae studiosis grammaticae comparativae cognitio haud amplius negligenda est.

* 9 7 8 3 3 3 7 3 3 0 9 3 4 *